賢い中古マンションの買い方

新築マンションでは味わえない空間とコスパ!

林 和男 著

セルバ出版

はじめに

「中古マンション購入」－中古といっても非常に大きなお買い物です。

最近は、インターネットがより身近なものになり、さらにはLINE、facebook等のソーシャルネットワークなどで、いろんな情報がより気軽に手に入るようになりました。

しかし、その情報は、非常に断片的な場合があり、例えば年収５００万円の方の事例は年収３００万円の方にはあまり参考にはなりませんし、たとえ年収は同程度でも年齢が30代の方と50代の方とは全く条件が違います。

貯蓄や家族構成、将来のライフプランによっても、必ずしも中古マンションに限らず、「持ち家」を持つということが正解とは限りません。

「買わない」という選択が正しいことだってあります。

人生の大先輩である親御さんに相談するのも1つの有効な手段ではありますが、親御さんに相談すると「頭金を貯めてから買いなさい」「もうちょっと待ってみたら」……。

本編でもお話させていただきますが、まさに今、現在進行形で中古マンション購入を検討されている方の物件価格、住宅ローン金利、各種税制、社会情勢は、その親御さんとは全く違うものということも盲点になっていることもあります。

また、人生は約80年、さらにいうと60歳には定年がやって来て、年金問題や老後のことを見据えると、正当な理由なしに問題を先送りすることは決しておすすめできません。

インターネットやソーシャルネットワークなどにどんなことが書いてあろうと、親御さんにどんなことを言われようと、皆様の人生は皆様が設計し、その結果の責任は皆様にあります、すべて自己責任です。

そのためには、まずは情報収集し、頼れる情報ソース（書籍や相性や信頼をおける不動産会社や担当者）を見つけ、正しい決断ができるよう、いくつかの選択肢を持てるようにすることが大切です。

チラシでたまたま見た、ネットでたまたま見つけた、ふらっと入ったマンションのモデルルームで即購入を決めてしまう人がいます、それもある意味正解かもしれません。

しかし、その人たちも、事前の情報収集によっては、違う選択肢がいくつかあって、購入を決めたその物件は選ばなかったかもしれないのです。

物件のよし悪しだけではありません。物件の見方や情報収集の仕方、さらにはこれから長く続くライフプランに合った〝予算〟を決めて物件探しをすることが大切です。

中古マンションを購入する目的は、快適な生活をする場所を得ることではないはずです。最終的な目的は、購入者またそのご家族が経済的にも生活的にも〝豊か〟に人生を送ることのはずです。

いくら素晴らしい物件を見つけたとしても、予算を間違えていて経済的に破たんしてしまっては、購入する目的を果たすことができません。

逆に言うと、衣食住の土台である〝住〟の選択を間違わなければ、豊かな生活が送れる可能性が高くなると思います。

無知は罪です、取返しがつかない場合もあります。

ぜひ、これから中古マンション購入をご検討の方々に本書を手に取ってもらい、豊かな生活や人生を送れるきっかけになればこれ以上の喜びはありません。

林　和男

2016年4月

賢い中古マンションの買い方―新築マンションでは味わえない空間とコスパ！　目次

第2章 値引き交渉よりファイナンシャルプランが大事!?

第5章　いよいよ売買契約・工事請負契約そして念願の物件引渡し

付録　先輩たちのインタビュー

プロローグ

1　賃貸VS持ち家どっち

賃貸住宅と持ち家どちらがいいの？

そんなことを考えたことがあるのは、筆者だけではないと思います。

この問題は、いろいろな要素（家族構成・年収・貯蓄・住まいのエリア等々）でメリット・デメリットが出てくると思いますので、それを見比べて、総合的判断で選択することが大切です。

しかし、人生のキャッシュフローという意味では、明確に別れるかもしれません。

次ページの図表1をご覧ください。こちらは、生涯賃貸と持ち家（中古マンション）を持った場合の人生のキャッシュフローをグラフにしました。

賃貸のほうは、32歳～37歳の家賃が8・5万円、38歳～47歳は12万円、48歳～85歳までは10万円という想定です。

持ち家の場合は、32歳時に頭金ゼロで購入し、物件取得費用は2，500万円、ローン借入期間35年、金利は変動がある思いますので平均で2％、管理費・積立金、固定資産税・都市計画税で年間32万円かかるとして計算をしています。

結論から申し上げると、賃貸住宅で生涯を過ごした場合に支払う住居費は、総額で6，612万

【図表1　賃貸と持ち家の住居費比較グラフ】

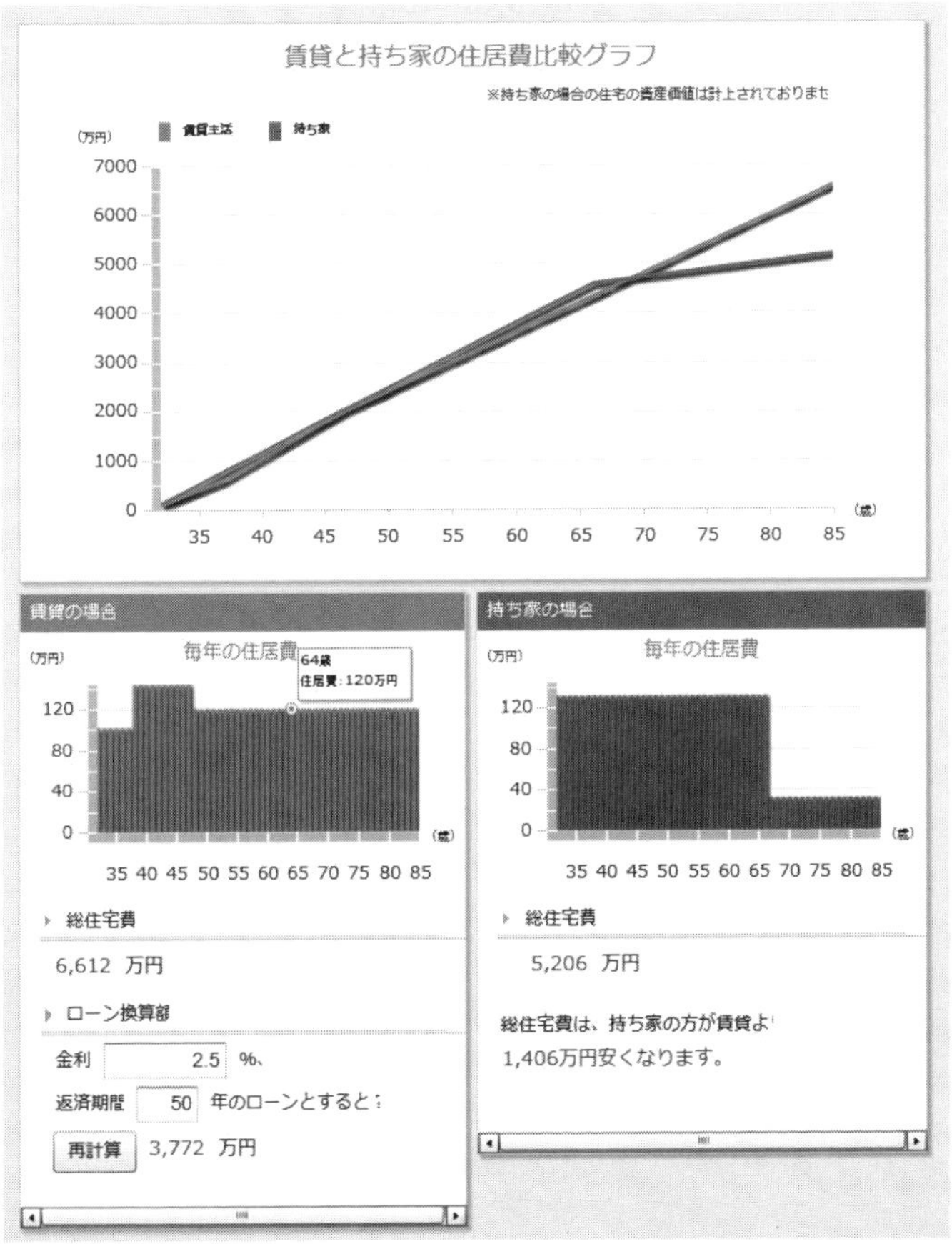

(出典：ハイアス&カンパニー社　ハイアーＦＰ)
https://www.relife-club.jp/

円、持ち家を持った場合に支払う住居費の総額は5，206万円で、持ち家を持ったほうが住居費の総額は1，406万円安く済む計算になります。さらに、持ち家の場合は、分譲マンションという資産が残ります。

一番大きな要因は、持ち家の場合、1度も繰上げ返済をしないケースでも、67歳時には住宅ローンを完済できるので、老後の住宅費は大きく抑えることができます。

もちろん、このような筋書きどおりにいかないこともあるかもしれませんが、大筋間違いはないかと思いますし、この差は繰上げ返済や住宅ローンの賢い組み方でさらに差が出るのではないかと思います。

注目していただきたいのはやはり老後です。

不安な年金問題もありますし、収入が不安定になる老後をどのように負担を少なく過ごすことができるかを、「今」から考えることがとても大切だと思います。

でも、もちろん、それだけが答えではありません。

賃貸は、引っ越しをする度に諸費用はかかりますが、仕事や家族の都合で気軽に住み替えることができますし、住宅ローンを支払うより家賃のほうが気楽というお考えの方もいらっしゃるでしょう。

しかし、デメリットは、家賃の支払いは、部屋を狭くしたり、いろいろなグレードを下げて安くすることはできても、一生払い続けていかねばならず、その支払いは保険でいうところの掛捨てで、生涯何千万円支払おうが1円も残りません。

また、老後、民間の賃貸住宅が借りにくくなる現実もあります。

理由は、大家さんの立場で貸している部屋で、たとえ自然死であっても部屋で亡くなったりすると次に賃貸募集時に多少なりとも影響が出る可能性と、老人が起こしやすい火事などのリスクで家主が老人に貸すのを敬遠し、老後賃貸住宅を選ぶ選択肢が少なくなる事実があります。

持ち家のリスクの1つには、住宅ローンもあるでしょう。

もし、万が一、住宅ローン支払い中に経済的理由により住宅ローン支払いが困難になると、いろいろなものを犠牲にすることになる可能性があります。また、転勤やご家族の都合があっても、気軽には引っ越しできません。

しかし、住宅ローンの支払いは必ず終わりが来ますし、自分の努力次第で賢く繰上げ返済を実行して、住宅ローンの完済を早めることができます。

支払いが終わると、持ち家が資産という形で残り、もちろん愛着ある住宅で住み続けることができます。また、売却して現金にすることもできますし、賃貸に出して家賃収入を得ることだってできます。

さらに、賃貸住宅では制限されるリフォーム・リノベーション工事をすることができますので、生活空間も自由に楽しむことが可能です。

筆者は、不動産売買仲介に携わっている立場ですから、やや持ち家を持つことに偏った話かもしれませんが、どちらにしてもメリット・デメリットがありますので、どちらの場合でもお考えを棚卸して総合的にご判断いただきたいと思います。

2　新築マンションＶＳ中古マンションどっち

賃貸住宅と持ち家どちらがいい？　という質問と同じように、新築分譲マンションと中古マンションどちらがいい？　という質問も多く寄せられます。

こちらも同様にメリット・デメリットがありますので一概には言えませんが、コストパフォーマンスが高いのは中古マンションではないかと思っています。

新築分譲マンションのよいところは、一番に新築ですので誰も住んだことのない真新しい空間で生活することが、これ以上ない喜びなのではないでしょうか。

もちろん、住宅設備機器やエレベーターや宅配ボックスなどの設備も最新です、中古マンションに比べて非の打ち所がありません。

デメリットは、一番に中古マンションと比べて価格が高価であるということです。

そして、価格が高いだけではなく、これはエリア特性によりスピードや落差の差はあるかもしれませんが、「新しい」という価値観が経年経過で薄れていくことで資産価値が目減りし、これも地域やエリアによって多少の違いはあるかと思いますが、築後5年から15年くらいの間で資産価値が下がる確度が高くなることが多いと思います。

これがどのような意味を含んでいるかというと、もし築後5年前後の中古マンションを購入した場合でも、比較的新築マンションより安く、まだまだ設備的にも新しいし真新しさは残っているというメリットはあります。

しかし、築後20年以上経過した古い中古マンションより比較的高値で購入しているため、経年経過によって資産価値が下がる時期に比較的高い住宅ローンを組むと、住宅ローン残高が減るより資産価値が下がるスピードのほうが早くなり、もし頭金ゼロや少しの頭金で購入した場合、住宅ローン残高が減るスピードより資産価値が減るスピードのほうが速くなります。もし、そうした状況で、仕事や家族の事情によりマンションを売却することになった場合、その差額は現金で埋めることになりますから、引っ越しができにくい状況になる可能性があります。

また、新築分譲マンションは、購入時に間取りの変更や住宅設備機器の変更、壁紙を選ぶことについてかなり自由度が低く、年々分譲供給が減っている中、立地条件にこだわって新築分譲マンションを購入することはかなり難易度が高くなると思います。

一方、中古マンションは、これもエリア特性や購入する築年数にもよりますが、新築分譲マンションの価格決定要素とは違い、価格は市場の需要と供給のバランスで決まることになるため、いわゆる相場で購入することができます。

そのため、資産価値も価格下落が落ち着いたところで購入することができれば、新築分譲マンションに比べ資産価値と住宅ローン残高に大きな差が出ることを防ぐことができる可能性があります。

生活空間や共用部分（エントランス等）は、新築分譲マンションのように真新しさはないかもしれませんが、内装に関しては費用はかかるものの、購入時のリフォーム・リノベーション工事で自分好みの空間を手に入れることができます。

立地訴求に関しても、新築分譲マンションより選択肢が多くなるのは明らかなので、いろいろな面で合理的ではないかと思います。

筆者は、起業前、新築分譲マンションの販売会社に10年以上在籍し販売していました。その観点からメリット・デメリットを総合的に判断すると、中古マンションという選択肢をおすすめします。

しかし、絶対ではありませんので、本書をお読みいただき、客観的にお考えいただいた上で、中古マンション購入を選択されるという意味で本書がお役に立てば幸いです。

3　一戸建てVSマンションどっち

一戸建てとマンションってどちらがいいでしょうか。

この仕事をしていると、この質問も多いですね。

どの質問もそうですが、家族構成や人生設計、お住まいになる地域によっても違うと思いますので、ここではそれぞれのメリット・デメリットをお話してみましょう。

実は、筆者は、一戸建てに住んでいます。

個人的には、あとに述べる理由で、圧倒的にマンションが好きなのですが、一戸建てを選択した理由は子供のためです。

筆者は、和歌山の本当に何もない田舎で育ちました。そのため、どうしても都心の真ん中で自分の子供を育てるイメージが持てなかったことと、音の問題です。

幼少時、兄弟とプロレスごっこや喧嘩をしたりで、家の中で騒いで母親を困らせたことがたくさんあります。したがって、マンションだと隣や上下階の住民にご迷惑をかけてしまう可能性があることと、自分の子供にはそういうことをあまり気にしないで伸び伸びと育ってほしいという気持ちがあったからです。

それでも言います。筆者は、マンションのほうが好きです。

子供が大きくなれば、住み替えを家族と相談したいとも思っています。

個人的なことは措いておいて、戸建てのよいところは、やはりマンションと比べて広いことでしょう。

戸建ては、建物もマンションのような共同建物ではなく、完全に独立した建物ですから、生活音という意味ではマンションほどご近所様に気を遣う必要はないでしょう。

また、土地がありますので、車をお持ちの方でしたら駐車場代の心配がなく、管理組合から管理費や修繕積立金の支払いを求められることもありません。

デメリットは、これも個人的に思うことですが、一戸建てはマンションと比べて寒いです。筆者は、結婚する前まで分譲マンションに住んでいたのですが、それと比べると一戸建ては夏は暑く、冬は寒いです。光熱費については、はっきりと電気・ガス代の請求額に差が出ると思います。

あとマンションでいう管理費・修繕積立金などを請求されることはありませんが、もちろん一戸建ても建物は経験経過で傷んできますから、それを補修する必要があります。

分譲マンションの場合、管理を管理会社に委託していれば、建物管理のプロがマンション建物の管理を計画的に行ってくれます。しかし、一戸建ての建物を管理するのは、自分です。すべて自己責任になりますので、マンションにおけるの大規模修繕も、自ら計画し、費用も自分で用意して業者選びや修繕個所も考えなければなりません。

この辺を安易に考えていると、結構大変なことになります。

さらに、都市部の一戸建ては、3階建てが多いです。若い世帯なら階段の上がり下がりも問題ないかと思いますが、毎日のことですから、年齢を重ねるごとに生活が億劫になり、年老いてから一戸建てからマンションに住み替えされる方の理由はこの点に多いことも事実です。

次は、マンションのことについてお話してみましょう。

これも個人的な意見かもしれませんが、マンションのいいところとは、簡単に一言でいうと一戸建てと比べていろいろな意味で楽な点です。

まず、階段がなく、居室や風呂・トイレもワンフロアーですから生活も楽です。

建物管理に関しても、管理費や修繕積立金は徴収されますが、日常生活はエントランスなども管理人や清掃の方がお掃除をしてくれますし、建物自身の修繕計画もプロがしっかり計画を立てて実行してくれます。

さらに、マンションに住むメリットとしては、都心の一等地に住めることではないでしょうか。都心の一等地で一戸建てとなると、かなり高額になると思います。しかし、マンションの場合は、一戸建てほどの費用はかかりません。

上層階に住めば、一戸建てでは得られない眺望等を得ることができます。

そして、冬は温かく、夏は涼しいです。

マンションのデメリットは、一戸建てに比べると狭いことでしょう。

車を所有している場合は、別途駐車場代が必要ですし、荷物などが多い場合は、マンション内の駐車場から自分の部屋まで大変ですし、毎日、新聞などもエントランス付近にあるメールコーナーまで取りに行かなければなりません。

以上のことを総合して、「一戸建てとマンション、どっちがいいですか」と質問があると、筆者は「都心で便利・楽に生活したいならマンション、郊外で快適に生活するには一戸建て」と答えるようにしています。

資産性という面で見ても、都心部ではマンションの需要のほうが多いですし、郊外ではマンションより一戸建ての需要が多く、この選択のほうがリセールバリュー（再販価格）も悪くないと思います。

〝住まいを探す〟選択肢は、いくつかあります。

代表的な例として、「賃貸VS持ち家」「新築マンションVS中古マンション」「一戸建てVSマンション」を上げました。

しかし、これが正解だ！　なんてことは、どんな専門家や有識者であっても言えないと思います。独身、配偶者がいる、子供がいる、転勤、年齢、収入、資産状況等でその選択肢は、多岐にわたります。

大切なのは、目先のことだけ考えず、これから長く続く人生の青写真も含めて、ライフプランニングの上で、家に住む、家を購入する目的を明確にすることです。

筆者は、賃貸にしても、持ち家にしても、住まい探しの目的は、「綺麗でお洒落な家に住みたい」「生活利便のよい立地に住みたい」「とにかく持ち家を持ちたい」―もちろん、このようなことも大切かもしれません。しかし、表面的・瞬間的なことだけ重視して、本来の目的を見失っては、本来の住まい探しの目的を果たせなくなるかもしれません。

不動産業に携わる身として、これから住まい探しをされる方にお伝えしたいのは、経済的にも精神的にも〝豊か〟であることを目的にしていただきたいのです。

人生は80年、あるいはもっと長くなるかもしれない中で、少子高齢化・年金問題も見据えて、1度立ち止まり、長期的スパンで「住まい」について自分もしくはご家族で夢と想定されるリスクを棚卸し、住まい探し本来の目的を達成していただきたいと思います。

第1章

「中古マンション」＝「資産を購入する」こと

1　マンションを購入する目的

新築・中古を問わず、「マンションを購入する目的はなんですか」と質問をすると、大抵の人が「快適に生活するため」と答えるかもしれません。

もちろん、それも大切なことで間違いではなく、正解だと思います。

しかし、不動産業界に長く従事した者としては、綺麗な部屋に住みたい、仕事や生活利便のよい場所に住みたいということはあくまで手段であって、「豊かな」生活を送ることを目的にしてほしいと思っています。

筆者は、独立前、大手マンションデベロッパーが供給する新築分譲マンションを販売する不動産販売会社に勤めていました。

新築マンションは、発売する戸数にもよりますが、工事着工から完成まで約1年〜2年以上かかる場合があります。

業界では「青田売り」と呼ぶのですが、完成予定地の近くにモデルルームをつくり、チラシなどの広告を配布して来場いただき、現地・モデルルーム・パンフレットをお見せして物件を提案します。

突然ですが皆様、新築分譲マンションのモデルルームを見学に行ったことはあるでしょうか。

通常、新築分譲マンションのモデルルームは、分譲するマンションの一番人気が出そうな間取りタイプをモデルに、キッチン、ユニットバス、洗面化粧台、トイレに至るまで、最新の設備にいろいろなオプションを付けて装飾し、さらにはインテリアコーディネーターがコーディネートした豪華絢爛な家具を配置してお客様を迎え入れます。

もちろん、事前に立地、間取り、予算なども家族で相談し、いくつかのモデルルームを物色して慎重に物件探しをされる方もいらっしゃいます。しかし、中には、本当に買い物帰り感覚で、営業担当者が街頭で手配りしていたチラシを見て、ちょっと寄ってみようみたいなお客様もいらっしゃいます。そんなお客様が、何とその日のうちに購入を決めてしまうなどということも多々あります。

なぜかというと、綺麗に装飾されたモデルルームを見て、購入した場合の住宅ローンシュミレーションもしてみたところ、現在支払っている毎月の家賃とあまり変わりない返済額、もしくは現状の家賃より支払いが軽減されたりする場合もあるからです。

そうなると、急に分譲マンション購入が現実味を帯び、何の予備知識やほかの選択肢を持ち合わせていなかった人は、ついつい気持ちが舞い上がってしまい、その場で購入を決めてしまうことになりかねないのです。

新築分譲マンションを販売しているこちらのほうが、「本当にいいんですか。１度ゆっくりお考えになっては……」と尋ねてしまいそうになるくらい思い切りのいいお客様もいらっしゃいました。

しかし、すべての場合ではないのですが、それで当初の快適な生活を送るという目的は達成できるかもしれませんが、転勤、リストラ、給与が上がらない等々の理由で、結果、住宅ローンを返済するために生きていると錯覚してしまうような生活になってしまっては、マンションを購入する目的を果たしたとはいえないと思います。

それは新築であろうと、中古マンションでも同じです。

しっかりと中長期的なライフプランを考えた上で適切な時期、適切な予算で購入することが「豊かな」生活、人生を送るために非常に大切になってきます。

ですので、マンションを購入する目的はただ単に生活のためではなく、ご自身、ご家族が心も体も経済的・心理的に豊かな生活を送ることを目的にマンション探しをして欲しいと思います。

2　10年後の資産性を考える

マンションを購入するのは、購入したマンションで生活をするためです。

もちろん、そのとおりなのですが、マンションか一戸建てかを問わず、不動産を購入する方には声を大にして申し上げたいことがあります。

それは、不動産購入イコール「資産」を持つという意味もご理解いただきたいということです。

なぜかというと、これも新築分譲マンションを販売していたときの話ですが、ほとんどの方は、その新築分譲マンションに一生生活するつもりで購入されます。

しかし、ふたを開けると、理由は様々だとは思いますが、10年から15年経過すると3分の1前後のご世帯の方が引っ越したいという感覚を持ちます。

もしそうなった場合、所有していたマンションを売却もしくは賃貸にすることになるかと思います。マンションを現金で購入していた場合は、売却損は出ますが、そこさえ割り切れば売却は可能です。しかし、多くの場合は、金融機関から住宅ローンを借り入れてマンションを購入している場合が多いようです。

住宅ローンには、「元利均等払い」と「元金均等払い」がありますが（この点については、後に詳述します）、多くの場合は「元利均等払い」を選択されていると思います。このシステムは、その特性上、当初はその支払いのうちのほとんどは金利分が占めていて、住宅ローンの残債は思いのほか減っていません。

そうなると、買替え損だけの問題だけではなく、住宅ローンの残債が減るスピードよりマンションの資産的価値の目減りのほうが早くなるケースが大半で、買替え損を割り切るだけでは足りず、融資時に金融機関がマンションに設定した抵当権を抹消するため、売却価格と住宅ローン残高の差額を手持ちの現金を出して埋める必要が出てきます。

もし、手持ちの現金がない場合、残念ながらマンション売却ができないことになってしまいます。

では、賃貸に出そうと思われるかもしれませんが、賃貸にもリスクがあります。

もし購入したマンションの資産性が乏しい場合、家賃が思ったより取れない、さらには空室が出て賃貸募集をしてもなかなか賃貸人が見つからない場合は、その間は次に住む家の家賃等の住宅費と二重払いになってしまい、生活が厳しくなる可能性があります。

売却、賃貸どちらにしてもこの問題を解決に近づけてくれるのが、マンションの資産性です。

売却の場合は、売却価格と住宅ローン残債の差が小さくなればなるほど楽ですし、賃貸に出す場合も、マンションの資産性が高ければ、家賃を高く取れます。もし、空室になっても、比較的すぐに賃貸人が見つかるなど、住替えへの障害が少なくなります。

では、どんなマンションが、資産性に富んでいるのでしょうか。

まず、「最寄りの駅が近い」というのは、わかりやすい資産性を計るポイントの1つでしょう。その駅も、複数の路線が交わる利便性の高い駅が有利です。

あとは、「公園が近い」「南向き」「角部屋」「上層階」などというポイントもありますが、ファミリー向け物件では、学校区に人気があるというのも大きなポイントです。

3　郊外の中古マンション購入は危険!?

これはあくまで個人的な意見であり、すべての場合ではないかと思いますが、個人的には郊外の新築分譲マンションや築浅の中古マンションを購入するのはあまりおすすめできません。

一般的に、郊外となると、都心のマンションより広く、価格も比較的安く、何より都心では得られない環境で生活できる点はよいのですが、資産性という側面でも考えてみる必要があります。

基本的には、郊外ということになると、都心部より戸建て志向の方が多く、新築分譲時はマンションデベロッパーのネームバリューや真新しさ、キッチン、ユニットバスなどの最新設備もあって販売価格はそれなりの価格となります。もちろん、築浅の中古マンションもそれに準じます。

しかし、時が経過することによって、その価値は年々目減りし、価格が下がるスピードは都心部のマンションより角度が急な場合が多いと思います。

一生そのマンションで生活するのであれば、その資産価値が大きく下がっても、生活に支障はないかもしれません。しかし、転勤、家族の事情、その他いろいろな理由で引っ越しをしないといけなくなった場合、その資産価値次第で、後の生活に大きな支障が出てしまう場合が多いのです。

最も避けるべきは、郊外の新築マンションを頭金なしで１００％住宅ローンを組んで購入してしまう場合です。もし、何らかの事情で売却しないといけなくなった場合、当初10年は、住宅ローンの残高が減るスピード以上にマンションの資産価値が下がるスピードのほうが速くなるケースが多くなると思います。

この場合にどうなるかというと、まず、思っていた価格では売却できません。仮に売却ができたとしても、購入時に金融機関が設定した抵当権を抹消する必要があるため、売却価格以上に残っている住宅ローン部分については現金で追い金して返済する必要があるのです。

これができない場合は、物件を売却することができません。

このようなことになるかもしれない可能性も考えた上で、購入検討をおすすめいたします。

ただし、中古マンションを購入する場合は、少し様子が違います。というのは、築年数にもよりますが、築20年以降経過した中古マンションは価格下落が落ちついた上に、購入価格も都心に比べてかなりお手頃になっていることが予想されますので、新築分譲マンションを購入するほどのリスクはないと思います。

しかし、それでも購入金額や多少お安い分、住宅ローンも35年ローンを組むのではなく、生活が苦しくならない程度に短く住宅ローン期間を設定しておくことが大切になります。

4　マンションは管理が命

マンションの資産価値は、好立地、大手デベロッパー、大手管理会社、そんな要因で決まるだけではない場合があります。

マンションの資産価値は、「管理」が一番大切、そう言って過言ではないと思います。それは、物件が古くなればなるほど差が開いていきます。

マンションを購入することとイコール資産を持つことと考えて欲しいと前述しましたが、マンションは所有して終りではなく、自分が所有した部屋だけではなく建物全体が良好な維持管理が保てるよう、建物のオーナーとしての自覚を持って欲しいと考えています。

分譲マンションを所有すると、法律でいうところの「区分所有者」となります。マンション全体の建物は、「区分所有建物」と呼ばれます。

例えば、50世帯の分譲マンションだとすれば、それぞれの所有している部屋の専有面積によってその持ち分は変わりますが、簡単にいうと50世帯で構成する管理組合という法人をつくり、建物を維持運営することになります。

新築分譲マンションを購入する方は、この辺の考えが希薄なのではないかと思います。

一般的には、大手マンションデベロッパーの関連会社や大手資本のグループ会社である管理会社がそのマンションの管理に当たることが多いため、そのネームバリューだけで安心してしまい、マンションの資産価値を自分で監視して守るというような気持ちはどうしても希薄になり、管理会社に任せておけばいい、そんな思いを抱き、管理状況には無頓着な方が多いかと思います。

前述したように、区分所有建物の維持管理をするのは、所有者である区分所有者です。もちろん、日々の業務は管理会社がするもの、維持管理のための費用会計、小規模な修繕等は管理を委託された管理会社がその会社の運用経験に基づいて行われています。

例えば、中規模の修繕や管理規約の変更等、区分所有建物の維持管理に重要な事項については管理会社では決めることはできず、区分所有者の決議によります。

そこで、管理組合は、総会を招集することになります。その案内と同時に委任状も書面で配布します。その場合、自分の大切な資産であるマンションの重要事案にもかかわらず、忙しいということもあるかもしれませんが、あまり関心のない方は、「出席できませんので、総会で決まった決議に同意します」と委任状を提出する方が多く、管理会社に任せっきりというような方も少なくありません。それでは、良好な管理組合の運営といえないと思います。

中古マンションの仲介をしていると、「マンションによってなぜこんなに管理費、修繕積立金の金額が違うのですか」と聞かれるケースがあります。

お応えする前に、まず、管理費というのは、主には管理会社の報酬と管理会社が管理（日常清掃・電球などの消耗品等）に必要な経費に充当され、修繕積立金は、管理組合名で開設された預金口座に将来マンションの修繕等に必要な資金を積み立てしていく費用であることを理解しておいてください。

中古マンションを現在進行形でお探しになっている方のご指摘どおり、同じような築年数、同じようなマンションの戸数でありながら、一方では標準的な価格、一方では非常に高い価格であるマンションもあります。この差は何か。ずばり、それぞれのマンション「管理」運営の差が、この価格の差になります。

大手だから、すごく人柄のいい管理人さんだから、そんなことだけで安心してはいけません。どんな管理会社であろうが、自分の資産であるマンション産を管理する管理会社に目を光らせるべきです。

築年数が経過すると、それと比例して定期総会の中でいろんな議案が出てきます。

当然ながら、各箇所の修繕議案、設備の交換・新調、ペット飼育について、最近では電力自由化によって電力一括受電会社への変更議案、将来の修繕に向けての修繕積立金の増減議案、管理会社から管理費の値上要求等々様々な議案が持ち上がります。

今回は、分譲マンションのお話ですが、これを仮に自分が所有する一戸建住宅だったとすると皆様いかがでしょうか。決して他人任せにはせず、家族でじっくり比較検討し、さらには修繕等を依頼する業者について数社相見積もりすることだってあるでしょう。

自分の資産であるマンションの資産性にかかわるこんな大切なことを委任状で済ませてしまうなんてことは避けてほしいと思います。

管理会社は、1つではありません。不動産会社同様、たくさんの管理会社が存在します。維持管理状態、管理会社の対応等々、きちんと各区分所有者が目を光らせて、その管理運営に疑問を持つことがあれば管理会社を変えることだって総会の議決が取れれば可能なのです。

自分の資産は自分で守る。そんな意識がとても大切です。そういう意識が高いマンション、つまりは管理組合が良好な運営状況の物件は見た目に現れてきます。エントランスはきちんと整理整頓され、特に自転車置き場を見ればよくわかるのですが、ちゃんと秩序が保たれ、きちんと整理されています。

そして、管理費、修繕積立金も、総じて平均的。さらには、比較的安く収まっている物件もあります。

その反対に、管理がうまくいっていないマンションは、共用部分は見た目に秩序が崩れ、エントランスには自転車が散乱し、メールコーナーもゴミが散らかり、エレベーターなどもペットの糞尿の匂いがするなど、あまりいい印象を得ることはできません。

総じて、このような物件は、管理費・修繕積立金は高めな物件が多いです。

見た目だけで判断できない部分もありますので、購入を検討されるマンションがあれば、仲介を頼んでいる不動産会仲介会社に依頼することにより、「重要事項調査報告書」という書類を管理会社から得ることができます（有料）。

その書類の中身は、過去の修繕の履歴や直近での管理費、修繕積立金の増額予定の有無、大規模修繕の計画の有無、リフォームする場合の制限、ペット飼育の規定、一番大切なそのマンションの管理組合に貯蓄されている修繕積立金の額も示されています。

この書類で、マンションの管理状況を確かめてみるということも大切になります。

筆者のようなプロでもこれを見てびっくりすることもあります。

レアケースかもしれませんが、大規模な修繕もしていないのにもかかわらず、修繕積立金が全く貯まっていないので、理由を管理会社に確認してみると、以前の管理会社の理事長（区分所有者）が修繕積立金を持ち逃げしたなどという恐ろしいこともありました。また、管理会社の運営が無責任で、修繕積立金を値上げする必要があったにもかかわらず提案もせず放置されたままなど、驚くようなことも耳にします。

まずは、新築・中古にかかわらず、マンションを購入したら自分の購入した部屋だけに注視するのではなく、その建物全体が自分の資産であることを自覚し、その管理組合の維持運営にしっかりと意識を向けることが必要です。最終的には、資産価値という形で自分に返ってくること、自分の身は自分で守るという意識を持っていただきたいと思います。

5　気になる耐震性・耐久性

中古マンション購入を検討する際、建物自体の耐震性や耐久性について気になる方が多くいらっしゃると思います。

実際、当社でも、中古マンションを探しはじめられた方向けにセミナーや勉強会を開催するのですが、必ずといっていいほど聞かれる質問事項です。

筆者は、正直に「わかりません」と答えるようにしています。

一見、無責任な返答かもしれませんが、実際にそれ以下でもそれ以上でもなく、本当にわからないのでそう答えています。

分譲マンションは、多くは鉄骨鉄筋コンクリート造や鉄筋コンクリート造で建設されています。その構造自体は、昔はメンテナンスフリーといわれていたこともありますし、１００年は持つという人もいれば、メンテナンスがあまりされていない場合はそんなにもたないという人もおり、意見は様々です。

筆者は、不動産業に携わってはいますが、設計や建築については素人ですので、明確な答えは持ち合わせていません。専門家に聞いたとしても、その回答は様々です。

ただ1つ、明確に違う物差しがあります。旧耐震基準物件と新耐震基準物件です。

新耐震基準は、昭和56年に改正され、耐震性が強化されました。違いについては、専門家ではないので明確にはお答えできませんが、耐震性が強化されたことは間違いありません。

中古マンション価格については、旧耐震基準物件と新耐震基準物件とは明らかに違います。

それでは、旧耐震基準物件が危険なのかというと、これも正直わかりませんが、あるデータがあります。平成7年に関西で起きた阪神・淡路大震災時に、新耐震基準物件と旧耐震基準物件で建物の損傷や倒壊した物件数を比較してみると、住み続けることができないくらい損傷を受けた物件は、旧耐震基準物件で全体の約5％、新耐震基準物件で全体の約2％だったそうです。

注目すべきは、旧耐震基準物件、新耐震基準物件ともに建物に大きな損傷を受けた建物の多くは、「ピロティ工法」と呼ばれる建て方をされた物件でした。

ピロティ工法というのは、簡単にいえば建物の1階部分が駐車場や広場になっている物件で、壁が少なく主に柱だけで建物を支えている物件です。

だからといって、ピロティ工法でない旧耐震基準物件であれば大丈夫というわけではありませんが、旧耐震基準物件と新耐震基準物件では価格差があるのは間違いないので、立地や予算を優先する場合は、旧耐震基準物件も検討する必要が出てくることになると思います。

耐震性だけではなく、耐久性の問題では、建替えという問題も出てくるかと思います。

これも明確な答えもありませんし、建物のメンテナンス具合で違うと思いますが、建替えをする場合、築後50年が1つの目安だと思います。

しかし、建物の建替えには、様々な問題があります。

例えば、マンションの区分所有者が50人いたとして、当然、それぞれで家計は違いますので、建替えに費用が発生するとなれば、建替えに後ろ向きな人もいるでしょう。

その上、区分所有法では、その区分所有建物の規約変更等の場合に4分の3以上での議決が必要なのに対し、建替えの動議に関しては区分所有者の5分の4以上での議決が必要と定められています。

仮に、5分の4以上での議決が得られる見通しが立ったとしても、建替えの費用（建物解体費・新しい建物建築中の仮住い費用、新しい建物の建築費）はどのように捻出するかという課題が控えています。それぞれの区分所有者が現金で出すことができればいいのですが、そんなわけにもいきません。

建替えには、非常に高いハードルがあるのは事実です。

しかし、築後50年以上経っているマンションの数も少ないので、事例も少ないのですが、少ない中にも建替えが成功している事例もあります。

その多くは、敷地の広さに余裕があり、現行建築基準法の許容範囲で、建て替える前より大きな建物を建設、増えた建物部分を新たに分譲し、その分譲利益を旧区分所有者で分配して建替え費用負担を軽減する方法です。

しかし、都心の物件は、建築基準法による建ぺい率・容積率のいっぱいまで建築している建物も多く、敷地に余裕がなく、現実的ではない場合も少なくありません。

これは、中古マンションを購入する際の1つのリスクだと思いますので、十分ご承知おきいただきたい部分ではありますが、国としてもこの問題について検討を繰り返しており、建替えをビジネスチャンスととらえる様々な企業がこの問題に取り組んでいるのも事実です。

このリスクを前に、新築マンションを購入する、それでも中古マンションを購入する、戸建て住宅にする、または持ち家自体購入を諦める―どれが正解かは、正直わかりません。

いずれにしても、それぞれに一長一短がありますので、しっかりと比較検討して決断することをおすすめします。

6　リノベーションｏｒリフォーム

リフォーム？　リノベーション？　呼び方は違うけどそれぞれどう違うの？　そんな質問をよくいただきます。

リノベーションという言葉は、ここ数年メディアに出てきた言葉で、1人歩きしているところもあります。よくわかっていない不動産会社は、ポータルサイトの1部では、主だった設備（キッチン、洗面、ユニットバス、トイレなど）と床や壁紙を張り替えればリノベーションと呼ぶ場合もあれば、１度スケルトン状態（壁や各設備などすべて撤去してしまった状態）にして、専有部分内の配管などもすべて新調取替えし、壁や設備などをある程度自分の好きなように配置することをリノベーションと呼ぶ場合もあります。しかし、実際、業界内できっちりとした線引きもないのが事実です。

筆者の場合、お客様とお話するときは、「今ある壁や設備も1部利用し模様替えするのがリフォーム、スケルトン状態にしてお部屋を刷新するのがリノベーションです」と、非常にシンプルに説明しています。

どちらがいいか、どちらが悪いかはありませんが、最も違うのは予算です。

地域、資材、設備のグレードによって多少の違いはもちろんありますが、例えば、全く同じ広さの物件で、設備もすべて交換新調する場合のリフォームと、リノベーション工事をした場合の工事代金は、倍近く違うと思います。

欧米諸国では、新築より中古需要のほうが多いので、リフォームした履歴などはきっちりと記録され、こまめにリフォーム、改修し、自分の不動産の価値を上げていくという風潮があります。しかし、日本では、スクラップ&ビルド、つまり、古い家は壊して新しい家に住むという風潮があり、どちらかというとリフォーム、リノベーションは資本的価値としてあまり認められません。

もちろん、自分が住むためにリフォーム、リノベーションを施すので、初めから売却することまで考えていない方が多いと思いますが、もし、万が一、購入してリフォーム、リノベーションを施した場合、残念ながら日本ではリフォーム、リノベーションした工事代金は売却時の売却価格にほとんど価格転嫁できないのが現状です。

特に、あまりにこだわったリノベーション工事をすると、工事をした施主様にとっては最高の空間だとしても、次に購入を検討する人にとっては快適な空間ではない場合があり得ます。

リノベーションに反対しているわけでは決してないのですが、この点については押えていただいてほしいと思っています。

嫌なことを初めに申しましたが、リフォーム、リノベーションについては、筆者としても不動産の売買だけではなく、その後の空間づくりまでご提案できて本当に楽しいです。また、お客様も、特にリノベーションとなると、いろんなことを決めたり、各設備や建具等のショールームを見に行ったりしないといけないので結構骨が折れるのですが、部屋づくりの過程も楽しんでもらえると思います。

打ち合わせて1か月~2か月、施工期間が1か月~2か月、そして、念願のお披露目の時を迎えることになりますが、お客様の本当に喜んでおられる姿を見れるのは仕事冥利に尽きます。

「主人の帰宅時間が早くなった」「家の居心地がよくて外出が少なくなってしまった」「家族の会話も増えた」など、ありがたい言葉をいただき、この仕事をしていて本当によかったなと思う瞬間です。

第2章　値引き交渉より　ファイナンシャルプランが大事!?

1　適正な予算（諸費用、リフォーム、頭金等）

賢い中古マンション探しは、何もわからないままいきなり物件の見学を始めるのではなく、事前の学習と準備が非常に大切です。

まず、中古マンションの購入を検討する際には、物件の価格ばかりに注視しがちですが、それだけではなく、全体の費用をしっかり押さえておく必要があります。

物件代金以外に準備しておくべき費用としては、諸費用、リフォーム、リノベーション工事代金、引っ越し費用や家具新調費用等に大別できます。

不動産購入は、人生の中でも大きな買い物なので気が大きくなる方が多く、普段の100万円が10万円くらいに金銭感覚が麻痺し、ついつい予算オーバーしたり、余計なものまで購入してしまう方がいらっしゃいますので、そうならないよう事前にしっかり想定しておきましょう。

諸費用

特に、諸費用は、最近では住宅ローンの1部として融資をしてくれる金融機関もありますが、それはあまりおすすめできません。

諸費用ローンを借りれば、本体の住宅ローン審査に悪い影響を与え、本体の優遇金利が下がってしまう可能性があります。また、単純に借入金額がその分多くなってしまい、返済に伴う元金返済スピードが遅くなってしまいます。したがって、中古マンションの購入を検討する場合は、最低でも諸費用分だけは住宅ローンで賄うのではなく、できるだけ貯蓄などして現金で用意されることをおすすめします。

そこで、諸費用はどんな項目か、どれだけの金額になるのかについて説明していきましょう。

・事務手数料、保証料

まず、住宅ローンを設定する金融機関には、事務手数料を支払うことになります。都市銀行で税別3万円、地方銀行・ネット銀行・信用金庫等は様々ですが5万円前後かかります。

次に、保証料です。保証料というのは、簡単にいえば保証人の代わりです。住宅ローンを融資する金融機関の貸倒れのリスクをヘッジするために、保証会社等に払い込むものです。もっとも、都市銀行などは、自己資本で保証会社を設立していますから、住宅ローンの借主（債務者）は保証会社に保証料を支払って、もし住宅ローン返済が滞った場合、住宅ローン残債を建て替えて金融機関に代理で払ってくれます。

しかし、当然ながら、それは債務が融資してくれた金融機関から代理弁済してくれた保証会社に移っただけで、債務が免除になるわけではなく、その後は保証会社との間で返済を続けていく必要があります。

ところで、こまめに住宅ローンを早期に繰上げ返済をしていけば、いったん保証会社に支払った保証料は、返済手続終了後に返金されます。

例えば、2，000万円を35年間保証するために保証会社に支払っていた保証料は、その内100万円繰上げ返済した場合、保証会社はその100万円について保証をする必要がなくなりますから、相当する保証料が保証会社より返金されることになるわけです。

また、保証料は、内枠方式と外枠方式があります。内枠方式とは、保証料が金利に上乗せして支払う方法で、諸費用時に保証料として現金を支払う必要がありませんが、繰上げ返済をしても保証料は返金されません。それに対して外枠方式というのは、通常の金利で住宅ローンを支払い、保証料は別途現金で支払う形のものです。

つまり、内枠方式のメリットは、中古マンション購入時あまり現金がなく、イニシャルコストを抑えたい場合に都合がよいところです。デメリットは、金利に上乗せになるので、総支払額は高くなり、繰上げ返済をしても保証料の返金はない点です。

・税金

さらに、金融機関に支払う費用としては、お金の貸借を約した金銭消費貸借契約に貼付する印紙代が必要になります。

加えて、登記費用です。登記費用は、登録免許税と登記を担当する司法書士の先生の報酬に大別できます。

登録免許税は、時限立法で減税制度があり、現在、耐火建築物であるマンションなら築25年以内で登記面積が50平方メートル以上（専有面積と登記面積は違うので注意）の物件であれば、減税の対象となります。ただし、築25年以上で新耐震基準に適合されていることについて証明する書類や既存住宅瑕疵保険に加入できる物件も減税されます。

これは、証明書や保険に加入する費用より減税される額のほうが多いのでぜひ活用するべきですが、不動産会社または担当者にその知識ない場合は、みすみす減税できるチャンスを逃すことになるので要注意です。

また、住宅ローン控除があります。これも時限立法ですが、築25年以内で登記面積50平米以上という要件はあるものの、先ほどの証明書や保険に加入できれば、築25年以上の物件でも住宅ローン控除を受けられるチャンスがありますので、不動産会社に任せっきりにするのではなく、しっかり自身で確認しておきましょう。

・管理費・修繕積立金と固定資産税・都市計画税

管理費・修繕積立金は、物件の管理会社の締日や引落としにしている場合、都合が悪いときは翌月分も諸費用支払時に現金で買主が売主に支払ってしまい、翌月分は売主の口座から引落としにして精算する場合もあります。

また、固定資産税・都市計画税は、毎年1月1日現在の所有者に4月1日起算（関東方面は1月1日）課税されます。

ややこしくなるのは、1月1日から3月31日に所有権が移転する売買の場合です。

例えば、２月１日に所有権が新所有者に移転しても、その年の１月１日現在の所有権は旧所有者にあるので、４月１日以降に翌年度分の固定資産税・都市計画税の請求は旧所有者に行ってしまいます。したがって、この期間に売買を行う場合は、先ほどの管理費・修繕積立金精算の要領で、翌年度分も諸費用精算時に現金で買主が売主に支払うのが一般的です。

・仲介手数料

次に、不動産仲介会社への報酬として支払う仲介手数料は、売買価格が４００万円以上の物件の場合、仲介手数料の上限が物件価格×３％＋６万円＋消費税と決まっていますが、それを不動産仲介会社に支払うことになります。

以上が中古マンションを購入する場合に買主が負担することになる主な諸費用になります。したがって、購入する物件が決まった際には、必ず売買価格を締結する前に、不動産仲介会社に諸費用の見積もりをしてもらうことをおすすめします。

2　頭金ゼロで今すぐ購入ｏｒ頭金を貯めて5年後購入

今はまだ頭金はないが、金利も安い、住宅ローン控除もある、頭金ゼロでも不動産仲介会社の担当者が住宅ローン審査は問題ないと言っている。

いや、ここは、慎重に月々コツコツ頑張って頭金を貯めてから購入したほうがいいかも。

「あぁ、どっちにすればいいんだ！」などと迷うことがあるかと思います。

どちらが正解ということはなく、人それぞれ状況も違うので一概には言えないと思いますが、購入する、購入しない、今購入する、５年後に購入する、いずれにしても人生は約80年くらいであること、そして定年もしくは年を重ねることで老後収入が減少するときが来ること、年金問題の先行きなどを考えて、その上で最適な状況判断をしてもらえればと思います。

お金の話だけで解決することでもないかもしれませんが、１度数字に落とし込んでみましょう。

・今すぐ頭金ゼロで購入する場合

現在の年齢は35歳、中古マンション本体価格が1，８００万円、リノベーション工事が７００万円で、全額住宅ローンを利用、住宅ローン期間は35年、金利は35年平均して２％とします。

・頭金を貯めてから５年後に購入する場合

毎月頑張って５万円ずつ貯蓄していって、５年後に購入する計算で試算してみましょう。

考えないといけないことは、将来の物価（中古マンション相場、リフォーム・リノベーション工事単価）や住宅ローン金利です。今より上がるか、下がるかですが、まずはここでは物価変動も住宅ローン金利も変化はゼロにして考えてみましょう。５年間貯蓄していきますが、その間も住む家が必要ですので、賃貸で家賃・共益費込みで月10万円支払っていたとしましょう。

それをシュミレーションをしてみたのが、図表２の費用総額比較表です。

今すぐ自己資金ゼロで中古マンションを購入する場合と、毎月５万円ずつ貯蓄して５年後に購入

【図表２　費用総額比較表】

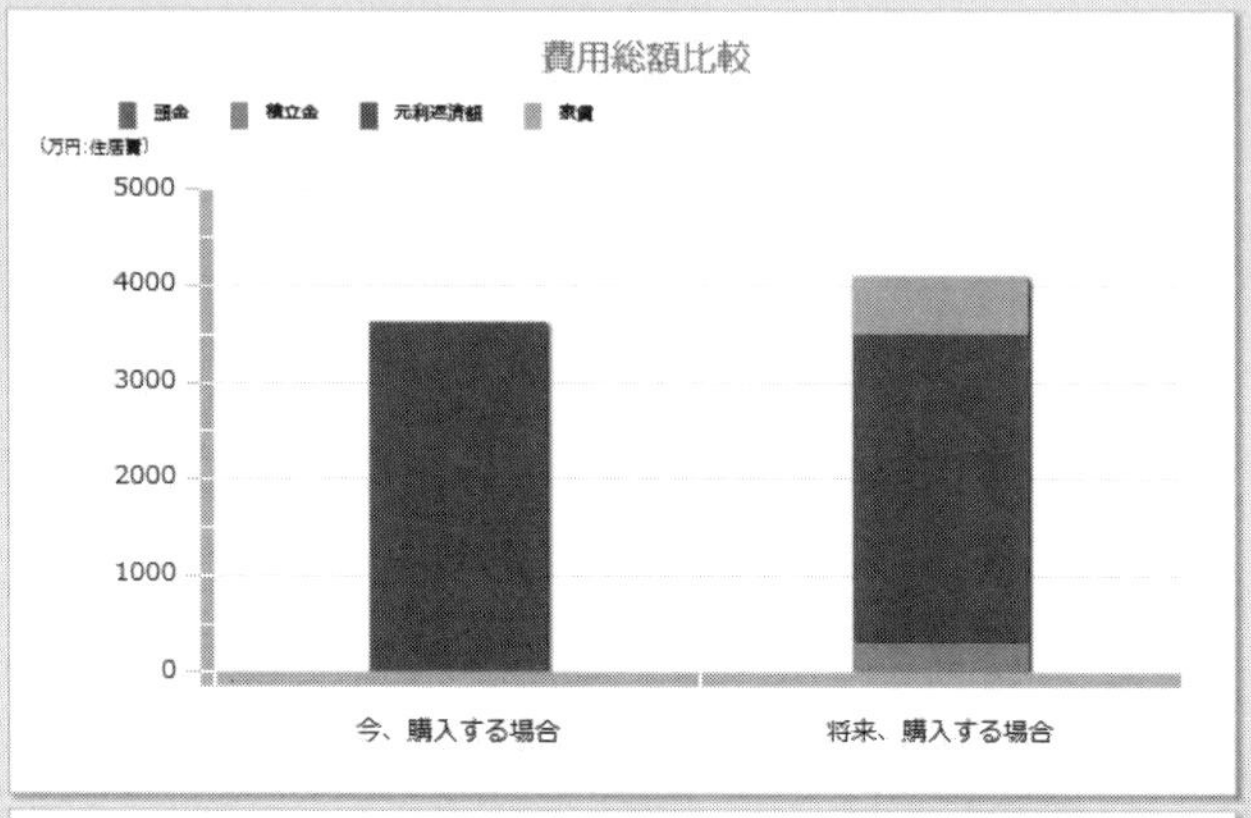

	今、購入する場合	将来、購入する場合
購入時自己資金	0　万円	308 万円
うち積立金額	－　万円	308 万円
ローン返済額	3,626 万円	3,191 万円
家賃支払い額	－　万円	600 万円
生活住居費総額	3,626 万円	4,100 万円
60 歳時のローン残債額 再…	938 万円	1,181 万円

生活住居費総額は、今、購入する方が　474万円安くなります。

１日あたりに換算すると　▲2,598円になります。

(出典：ハイアス＆カンパニー社　ハイアーＦＰ)

https:www.relife-club.jp/

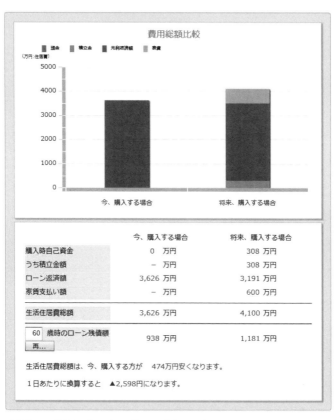

するのでは、いったいどちらがどれだけ得でしょうか。

あくまで数字だけの話ですが、結論から申し上げましょう。答えは、今すぐ頭金ゼロで購入したほうが金銭面では得になります。

「えっ⁉　毎月5万円も貯金がんばってるのに?」と思う方が多いのではないでしょうか。

確かに、毎月5万円ずつ貯蓄していくのは楽ではありませんし、実際5年間で約３０８万円の貯蓄ができ、その３０８万円を頭金に出したとすると、あくまで金利は同じ2％で繰上げ返済などはしないのが前提ですが、ローン返済額は3，１９１万円になります。

それに対して、今すぐ頭金ゼロで購入する場合は、ローン返済額が3，６２６万円になり、５年間で貯蓄した３０８万円の頭金を出すことで、住宅ローンは金利負担も含めて約４３０万円ほど少なくなります。

しかし、忘れてはいけないのが、毎月賃貸住宅に家賃を10万円支払っていることです。５年間の総額は、６００万円になります。

ということで、毎月5万円ずつ苦労して5年間貯蓄して３００万円の頭金をつくってから中古マンションを購入するより、今すぐ頭金ゼロで購入したほうが、現金にして約４７０万円、１日約２６００円ずつ得をしていく勘定になります。

もし、この状況で物価上昇が1％あったとしたら、４７０万円の差額が約６６０万円の差額に拡大してしまいます。さらに、金利が0・5％上がってしまったとしたら、その差額は約９２０万円にもなってしまいます。

しかも、それぞれ定年が訪れるかもしれない60歳時点の住宅ローン残高は、今すぐ購入する場合は約429万円に対して、将来のために貯蓄して購入した場合は約920万円になり、約430万円も差額が出てしまう可能性があるのです。

5年間頭金を貯めるというと聞えがいいですが、別のとらえ方をすると5年間頭金を貯めるということ以外、特に目的もなく5年間購入を先送りすることになります。

さらには、住宅ローン完済が5年遅れてしまうことにつながる可能性があります。

収入があるときの243万円と、老後の243万円は全く違うはずです。

この仕事に携わっていると、親御様などに相談したところ頭金を貯めてから購入したほうがよいとアドバイスを受けた方が多々いらっしゃいます。間違いではないかもしれませんが、申し上げたいのは、今、不動産を購入しようというときの市況と、親御様自身が不動産を購入検討されていたときの市況とは全く違うということです。

これから中古マンションを購入しようとする親御様の世代、つまり団塊の世代の方がまさに頭金を貯めて不動産を購入しよう頑張っていた頃の金融機関の貸出金利は、どれくらいだったでしょうか。もちろん、金融機関によって様々でしょうが、7％前後だった金融機関も珍しくはなかったはずです。

仮の話ですが、7％の金利の場合、複利計算で運用したとすると、1，000万円の現金を倍の

【図表３　投資期間①】

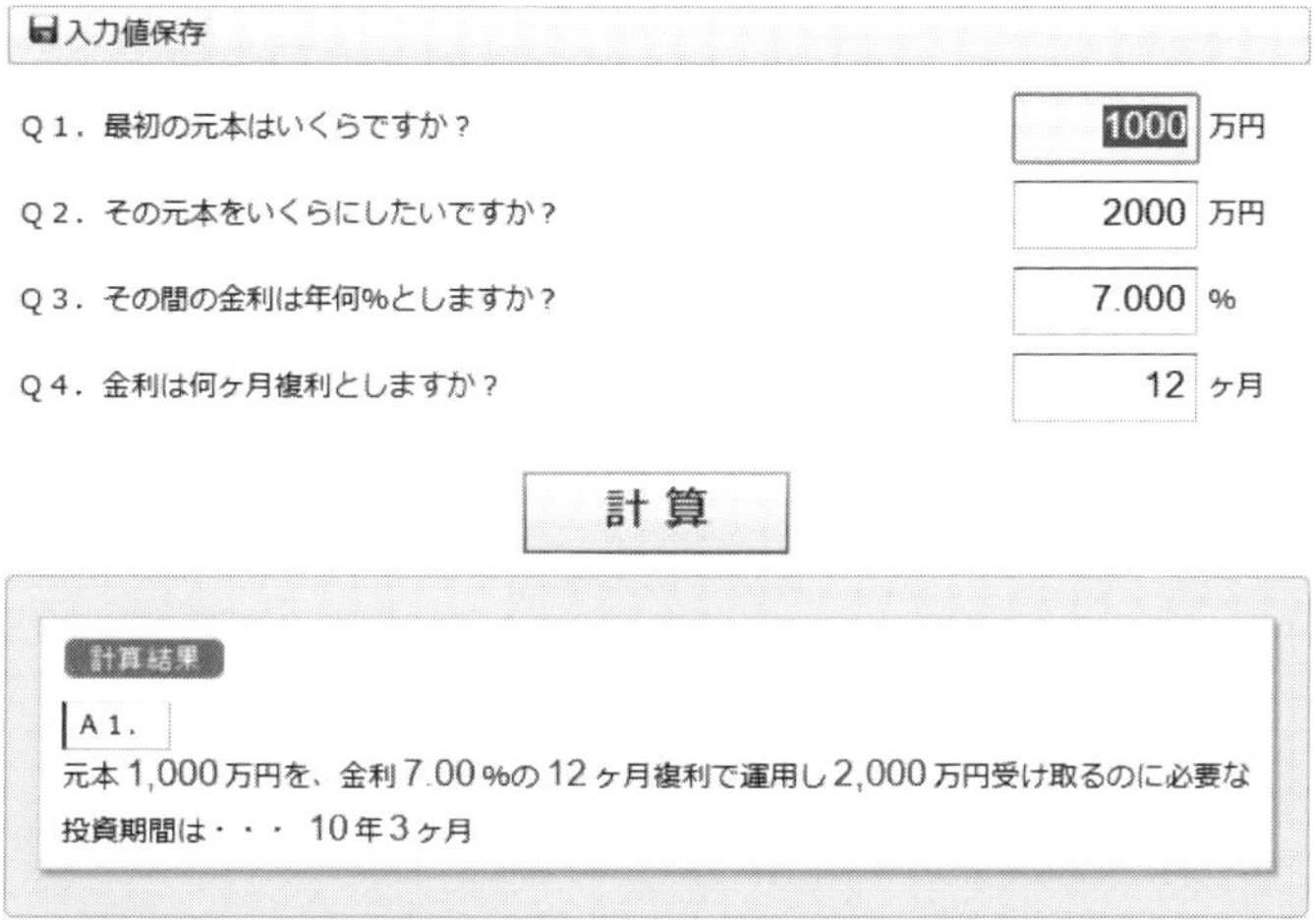

入力値保存
Q１．最初の元本はいくらですか？
1000 万円
Q２．その元本をいくらにしたいですか？
2000 万円
Q３．その間の金利は年何%としますか？
7.000 %
Q４．金利は何ヶ月複利としますか？
12 ヶ月
計 算
計算結果
A１．
元本 1,000 万円を、金利 7.00 %の 12 ヶ月複利で運用し 2,000 万円受け取るのに必要な
投資期間は・・・ 10 年３ヶ月

（出典：ハイアス＆カンパニー社　ハイアーＦＰ）
https://www.relife-club.jp/

２，０００万円にするには、投資期間はどれくらいになるでしょうか。

それを試算したのが、図表３です。

何と、１，０００万円の元本が10年と３か月で２，０００万円、つまり倍になるのです。

となると、親御様が頭金を貯めてから購入するというアドバイスも全く的外れの話ではありません。

しかし、現在の各金融機関の金利は、これも窓口で違うと思いますが、０・０２％くらいではないでしょうか。

この金利で、同様の資金を倍にするのにどれくらいの期間がかかるか、おわかりになりますでしょうか。

それを試算したのが、図表４です。

答えを申し上げると、何と３，４６６年

【図表4　投資期間②】

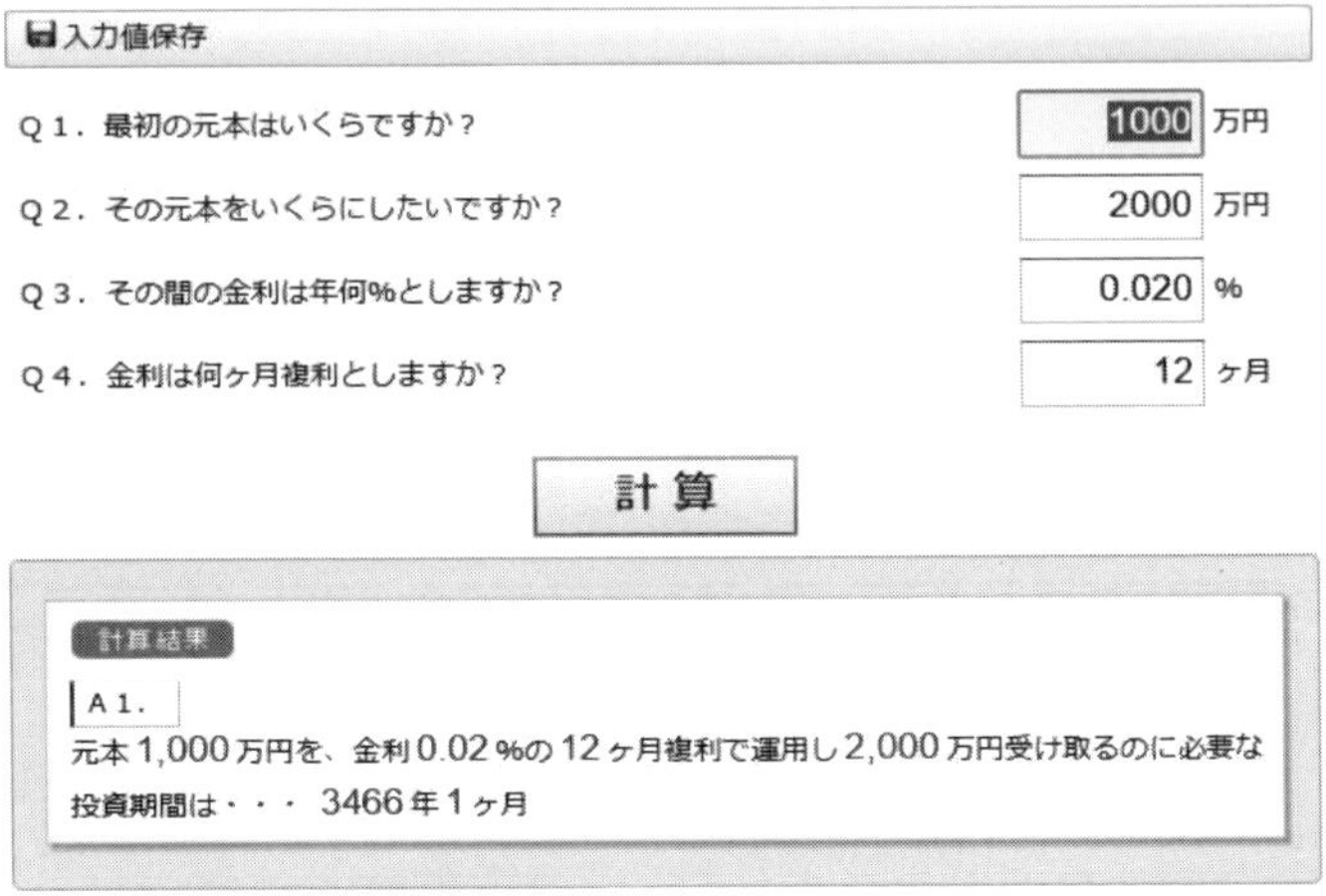

Q1. 最初の元本はいくらですか？	1000 万円
Q2. その元本をいくらにしたいですか？	2000 万円
Q3. その間の金利は年何%としますか？	0.020 %
Q4. 金利は何ヶ月複利としますか？	12 ヶ月

（出典：ハイアス＆カンパニー社　ハイアーＦＰ）
https://www.relife-club.jp/

と1か月かかるのです。

こうなるともう笑い話になってしまうかもしれませんが、何十回と生まれ変わる必要が出てきます。

何が言いたいのかというと、今、住宅購入を検討されている方と、団塊の世代の方が住宅購入を検討されていた頃の状況は全く違うということです。

しかし、中古マンションに限らず、住宅を購入する場合、お金の勘定だけではないかもしれませんが、状況が整えば、できるだけ早く住宅を購入し、住宅ローンを完済し、老後に負担を残さないというお考えをできるだけ若いうちに持つべきだと考えます。

そうすれば、自ずと老後の状況を逆算した購入時期と、それにふさわしい適正な住宅購入の予算を検討できるようになると思います。

3　頭金はどれくらい入れたらいい？

これも購入予定者に聞かれることが多い質問の1つです。

ひと昔前は、住宅金融公庫等の公的融資は、物件価格の８割までしかしてくれなかった時代がありました。そのため、知人やご両親に相談してみると、２割は用意したほうがよいとアドバイスをくれる場合もあるかと思います。

頭金を入れると借入元本が少なくなり、その分支払金利も少なくなりますので、手元資金に余裕があれば少しでも多く入れたほうがよいでしょう。

しかし、新居に引っ越してから、家具等の購入により諸々思っていた以上の出費があったり、生活をしていく中で突然現金が必要になることもあるかと思います。したがって、手元の資金をすべて吐き出してしまうような頭金の出し方はおすすめできません。

では、頭金の額はどれくらいが適正なのでしょうか。

新築マンションや築浅の中古マンションを購入する場合、購入金額に対して2割は入れておいたほうがよいかと思います。

理由は、元利均等払いで住宅ローンを支払っていると、支払いの当初はどうしても住宅ローン残高がなかなか減りませんし、新築や築浅のマンションは〝新しい〟という価値が経年経過により目減りしていけば価格が下がます。

もし、マンションを売却しようとした場合、売却する金額より住宅ローン残高が多くなると債務超過になり、債務超過分を解消する現金がなければ、マンションを売却することができません。それに備えての手持資金があれば安心でしょう。

しかし、築20年以上経つと、資産価値も落ち着いて、そんなに資産価値が下がることも少ないことから、中古マンションは新築マンションや築浅の中古マンションほど頑張って頭金を入れなくてもリスクは少ないのではないかと思います。

さらに、ネットバンキングを契約すれば、ネット上で繰上げ返済のシュミレーションができる上、手続も窓口に行くことなく無料でできます。

したがって、最初に無理して頭金を入れるのではなく、返済が始まって、手元資金に余裕が出た段階で期間短縮型の繰上げ返済をするほうがよいかもしれません。

もっとも、頭金を購入金額の2割以上入れることによって、住宅ローンの優遇金利が増える場合もあります。その場合は、頭金を増やすことで、全体の借入金利を下げることができ、頭金を増やす効果が高まることになります。

詳細は、金融機関や不動産仲介会社の担当者に相談して、十分比較検討してみることが肝要でしょう。

4　ライフプランニングで予算を決める

中古マンションを購入したいというお客様と初回面談をさせていただく際、予算についてお話を聞いてみると、ほとんどの方は、２，０００万円までとか2，５００万円までとか、ある程度明確に答えてくれます。

しかし、その予算は、「どのように導き出した予算ですか」と尋ねてみると、「友達がこれくらいの予算で購入していたから」とか、「今の家賃とあまり変わらないから」とか、「何となく」などとお答えになる方もいらっしゃいます。

筆者の信条として、中古マンションにかかわらず、不動産を購入する目的は、ただ住むところを確保するという意味ではなく、快適な住宅を手に入れて、精神的にも経済的にも豊かな生活を得ていただくことであって欲しいと思っています。

立地、間取り、生活利便も最高、しかし日々の生活が困窮していては豊かではないと思います。また、倹約し、予算を安くしすぎて、経済的には不安はないものの、立地、間取り、生活利便はかなり妥協したためストレスが溜まるという場合でも豊かではないと考えます。

いずれにしても、自分に合った、ある程度根拠のある予算を持っていないと怖いことがあります。ローン審査にまつわる心安らかならざる事例を紹介しておきましょう。

例えば、年収が同じ５００万円の2人がいたとしましょう。１人は30歳、もう１人は45歳だったとします。どちらも頭金ゼロの場合でも、ある程度の勤務先に勤めていた場合、他の借入（カードローン、キャッシング等）がなければ、どちらも期間35年払いで約３，０００万円くらいの住宅ローン審査は無理なく承認が得られると思います。

でも、これっておかしくないですか。

人生は、約80年。サラリーマンの方であれば、定年がやって来ます。定年が60歳だとすると、30歳で購入された方は、あまり心配がないかもしれません。しかし、45歳で購入された方は、住宅ローン完済が80歳時になってしまいます。定年から80歳までの住宅ローン支払いは、定年後の収入が不安定になり、年金も大きく頼れない中、非常に老後の生活不安を拭えません。

それでも、住宅ローン審査は、恐らくどちらの場合でも同じ条件で審査が通ってしまいます。銀行の審査に文句を言っているわけではありませんが、購入を検討されている方ご自身がこのようなことを理解していないと、あとあと苦労をされる可能性があるということを申し上げているのです。

というのも、現実問題として、他人はそこまで考えてくれず、自覚がなければリスクの高いほうに流されがちだからです。

何となく導き出した予算で不動産会社に物件探しを依頼すると、不動産会社の収益源は仲介手数料ですから、不動産会社はどうしても仲介手数料の多いほうをすすめることになります。仲介手数料の仕組みは、物件価格×３％＋６万円という形ですから、端的にいえば契約いただく不動産価格が高額であるほど、不動産会社もしくはその担当者の利益・コミッションは高くなるわけです。

前述の2人のうち後者の方についても、本人がおっしゃる予算で、しかも住宅ローン審査が問題ないのであれば、その不動産業者はお客様の希望される予算と条件で物件探しをすることになるでしょう。

もちろん、それからこまめに返済がなされ、退職金などが見込めれば問題ない場合もあるかもしれません。しかし、もし問題が起こるとすれば、数十年後になりますので、不動産業者を責めることはできないでしょうし、ご本人のリスク管理が甘かったということになってしまうでしょう。

そうはならないために、ぜひ、中古マンションの購入検討の際は、人生のキャッシュフロープラニング（図表5）をしてみることをおすすめいたします。

当社では、専用のシュミレーションソフトを用いて、キャッシュフロープラニングを実施しています。お客様の年齢、家族構成、年収、貯蓄、お子様のご計画（出産、学校進学等）、家計の見直し等も含めてヒアリングして、そのデータをもとシミュレートします。

例えば、物件価格＋リノベーション工事代金含めた総額予算が2，500万円では、お子様の教育資金で家計に余裕がないこの時期にキャッシュフローがマイナスに転じてしまうので、総額予算を2，000万円に収めましょうといったアドバイスもします。あるいは、この時期は奥様がパートなどで収入を増やす努力をしたら、このようなキャッシュフローを描きますなど、グラフを出し、可視化してご提案というよりは寄り添って一緒に考えるスタンスを取るようにしています。

【図表５　キャッシュフロープランニング】

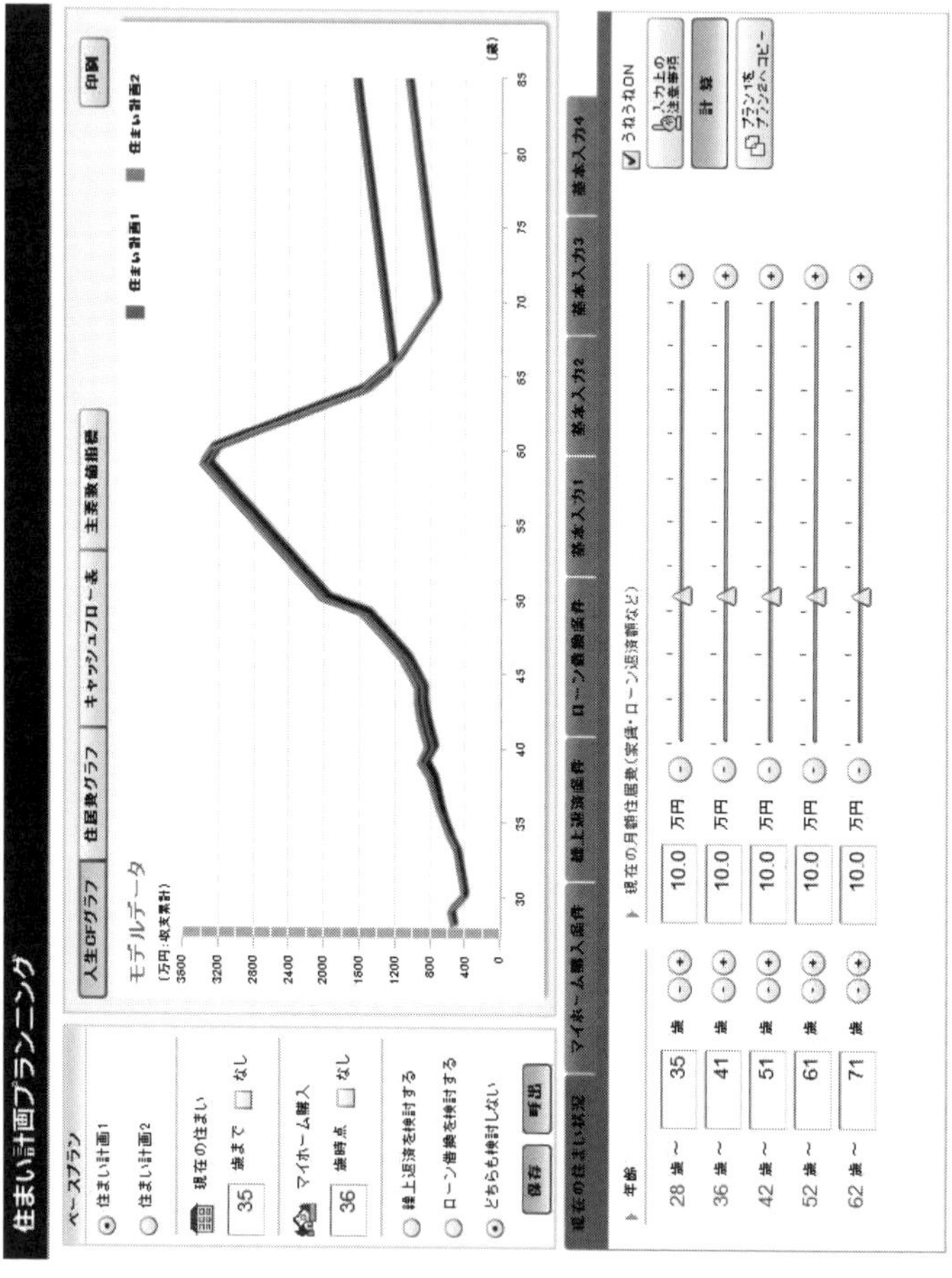

（出典：ハイアス＆カンパニー社　ハイアーＦＰ）

https://www.relife-club.jp/

当社では、それなりの費用を投入して、ファイナンシャルプランナーに相談したり、生命保険会社に相談するなど、ファイナンシャルプランの提案とそれをもとにしたアドバイスの充実に力を注いでおり、物件購入の予算を決める上で、生命保険も絡めリスクヘッジを含めた、長い人生のキャッシュフローを見てもらういい機会になると思います。

しかし、人生には、何があるかわかりません。たとえプロのファイナンシャルプランナーに相談して、シュミレーションをしてもらったとしても、そのとおりになるとは限りません。

とはいえ、キャッシュフロープランニングをすることにより、ある程度までは、これくらいの収入で、これくらいの出費で収めていけば、これくらいの予算は大丈夫ということにはなるでしょうし、大失敗は避けることができるのではないかと思います。

5　何となくでは絶対ダメ！　変動金利と固定金利のメリット・デメリット

物件探し、不動産会社・担当者との物件見学やリフォーム、リノベーションの案内、それを踏まえての比較検討の後、いよいよ購入したい物件が見つかり、最後に価格交渉。この辺りまでは熱心に力を注ぎます。ところが、住宅ローンについては、不動産仲介会社が提案する金融機関や住宅ローンの組み方（変動金利・固定金利等）にあまり疑いの目も向けずに、話を進めてしまう方がいらっしゃいます。

2，080万円の物件を80万円値引きしてもらうことに力を注ぐ方は多いですが、その2，000万円を当初35年という人生の半分に近い長期の住宅ローンを組むことになった場合、そこで金利が1％が変動するだけでどのような返済になるのか、過去に住宅ローン金利がどのように推移して、金利が変動することでどのような変化があるのかについては、あまり深く考えられる方は少ないかもしれません。

2，000万円を35年払いで、仮に金利に1％の差が出た場合の支払総額は、実に約411万円も差が出るのです。

そこで、図表6の住宅ローンの金利推移をご覧ください。

金利は、約20年近くはほとんど変動していませんが、過去を見渡すと、現在より高い水準にあり、短期間に住宅ローン金利が乱高下していることもわかります。

過去の金利推移を参考にした上で、最適な住宅ローンの組み方というのは、その方の年齢、家族構成等ライフスタイルによって変わりますので千差万別ですが、住宅ローン金利の基礎知識は必ず身につけ、それぞれのメリット・デメリットをしっかり学んでいただきたいと思います。

そして、どなたか（金融機関、不動産仲介会社、ファイナンシャルプランナー等）に相談される場合は、ろくに話も聞かないうちに「変動金利がいいですよ！」「固定金利がいいですよ！」と決め込んで提案される方ではなく、まずはしっかりと話を聞いてくれ、メリット・デメリットをどちらもしっかり提示してくれ、どの方法が最適か一緒に考えてくれる方を選んでください。

【図表６　住宅ローン金利の推移】

平成18年3月に日銀の量的緩和政策が解除され、それ以降金利は上昇基調にありますが、バブル時代の変動金利で最大8.5%、固定金利で5.5%という時代から考えると、まだまだ低金利時代といえそうです。
なお、平成17年5月までの固定金利は当初10年間の金利のため、実質的はもう少し高い数値になります。

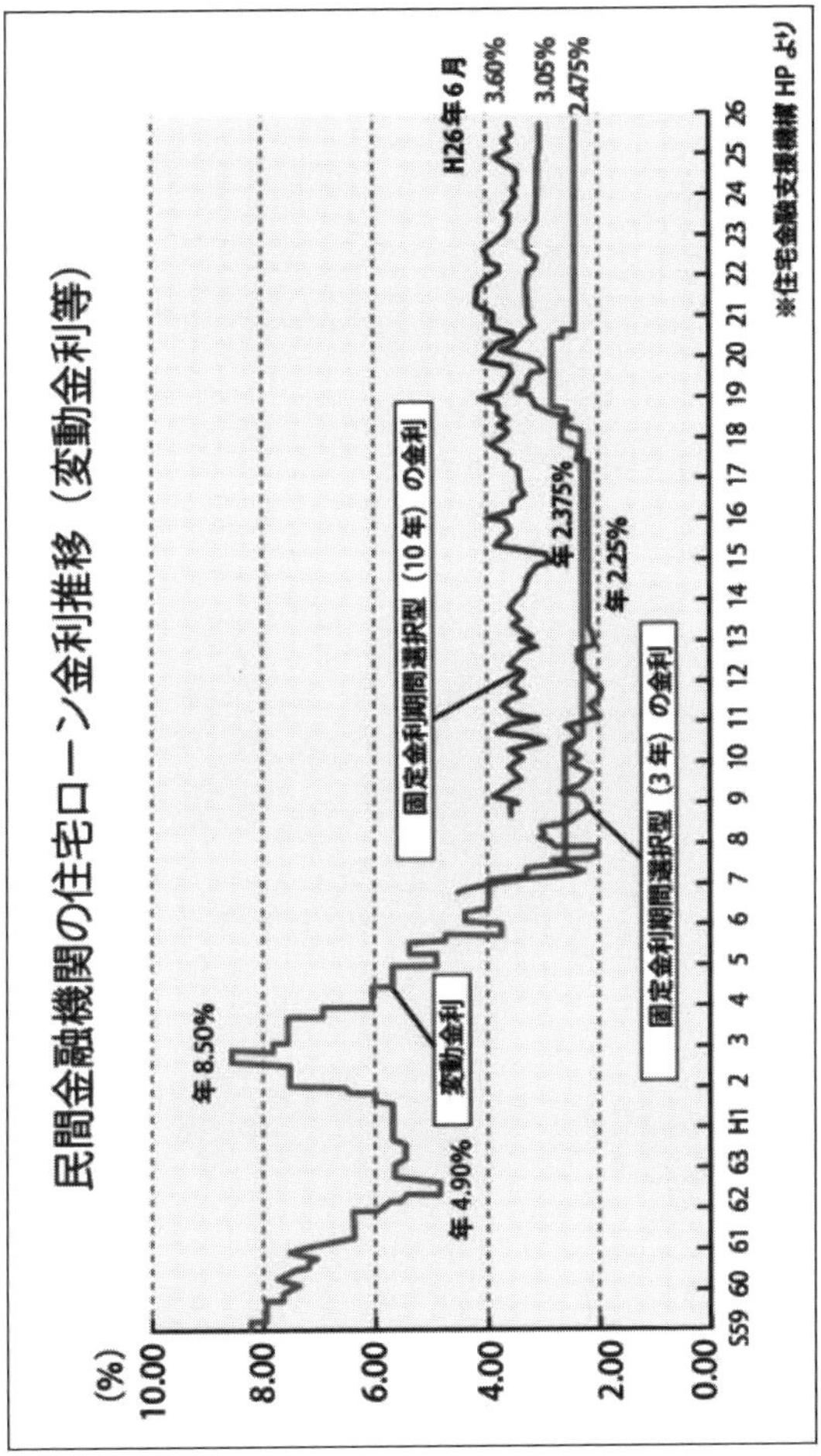

※主要都市銀行における金利を掲載。なお、変動金利は昭和59年以降、固定金利期間選択型（3年）の金利は平成7年以降のデータを掲載。

(出典：ハイアス＆カンパニー社　ハイアーＦＰ)
https//www.relife-club.jp/

ここでは、少し変動金利と固定金利の特徴に触れてみましょう。

変動金利

まず、変動金利です。

多くの金融機関では、年2回金利の見直しがあり、その金利は、短期プライムレート（金融機関が優良企業向けに貸し出すときの金利）に連動、簡単にいえば景気に連動して変動します。

そして、金利が下がる分にはメリットしかありませんが、問題は金利が上がった場合です。

過去の住宅ローン金利の推移を見てみると、今が底であることは明白な事実ですので、金利上昇リスクをしっかりと見極める必要があります。

また、住宅ローンついては、その仕組みとそれぞれのメリット・デメリットを必ず理解した上で選択いただきたいと思います。

・元利均等払いと元金均等払いの違いとメリット・デメリット

住宅ローンには、元利均等払いと元金均等払いという支払方があります。

元利均等払いとは、月々の支払いが一定で、支払いを重ねるごとに支払額の中で元本が増えて、金利が減っていく形になり、月々の支払いが安定しているので返済計画が立てやすく、元金均等払いに比べて毎月の支払額を軽減できるというメリットがあります。

デメリットは、元金均等払いに比べ元本が減る速度が遅く、総支払額が多くなる点です。

それに対して元金均等払いは、元金が常に一定で、返済を重ねるごとに元本が減っていき、その元本に対して金利がかかる形ですから、毎月の支払額は金利が下がれば下がりますし、金利が上がれば上がります。

メリットは、元利均等払いより元金が減る速度が速く、支払総額も少なくなる点です。デメリットは、支払い当初、元利均等払いに比べて毎月の支払額が高くなり、支払額が景気によって変動するということです。

元金均等払いでシュミレーションしてみて、毎月の支払額が負担でなければ、ぜひ元金均等払いを選んでいただきたいと思います。しかし、金融機関にとっては、金利が利潤になるため、もともと元金均等払いを用意していないところもありますので、資金計画の際はその辺りも事前に確認しておきましょう。

・元利均等払いの２つのルール

さて、元利均等払いを選ぶ場合、事前に知っておくべき２つのルールがあります。

１つ目のルールは、「5年ルール」です。

これは、元利均等払いの場合、月々の支払額が一定な上に、さらに5年間たとえ金利が大きく上下しても月々の支払額は変わらないというルールです。

一見すると、支払額が安定し、いいことなのかと思われるかもしれません。確かに、金利が下がった場合は問題ありませんが、問題は金利が上がった場合です。

5年間月々の支払額は一定と言うと聞こえがいいですが、月々の支払額の上限が決められているというとらえ方をすべきかもしれません。

つまり、金利が上がると、月々の支払額は10万円と一定ですが、その内訳が、それまで元本5万円・金利部分5万円だったのが、元本4万円金利部分6万円になってしまうということです。

実際、平成元年から平成3年の間に、金利が5%台から8%台に急激に上がりました。

極端にいうと、金利が急上昇した場合、月々の支払額は10万円なのに、その内訳は元金が1円で金利が99,999円で、元金がほとんど減らないということになってしまうリスクがあります。

2つ目は、「1・25倍ルール」です。

これは、金利が上昇し、元金が減らないので、毎月の支払額を増額したいと思っても、現在の支払額から1・25倍以上、つまり毎月10万円の支払いだった場合に、12万5,000円までしか上げることができないというルールです。

これも前述と同様、金利が下がった場合は問題ないですが、金利が上昇局面では、極端な話、35年間支払い続けたにもかかわらず、「未払元本」が発生する可能性があり、それが発生した場合は最後に一括返済を求められることになります。その返済のために、折角手に入れたマイホームを売却しないといけなくなる場合だってあり得るのです。

不動産仲介会社または担当者は、あまりこの辺りには無頓着というか触れない方が多いのが少なくありません。そのため、大抵の場合、このルール2つを知るのは、売買契約も済ませ、住宅ローンの金銭消費貸借契約書（お客様が金融機関に一定の条件で金銭を借入する契約）に署名捺印をする際、金融機関の担当者から説明されることになります。つまりは、契約物件引渡しの数日前です。

素人の方が、そんな状態でそんなことを聞かされたとしても、それがどのようなリスクがあって、それにどう対処したらいいのかわるはずもなく、大抵の場合、理解不能のないまま署名捺印してしまうことになるのではないでしょうか。

たとえ、わかったとしても、その場でどうしたらいいか判断できないでしょうし、条件を当日検討したり変更したりすることは手続上難しいでしょう。現実に、不動産仲介会社は変更することを嫌うと思います。

このように変動金利は、かなりハイリスクハイリターンの特性を持っていることを理解し、自ら返済計画の中でシュミレーションした上で、十分に検討することが必要です。

固定金利

金融機関から住宅ローンを借入する場合、変動金利が基本（フラット35は除く）となっており、固定金利は特約であることを覚えておいてください。

固定金利は、変動金利とは違い、文字どおり金利の変動があっても融資実行時に適用された金利で固定されます。

これはメリット・デメリットどちらにもなり得るのですが、融資実行時より金利が下がるとデメリットになりますし、金利が上がるとメリットになります。

しかし、変動金利が安いことばかりが世間から話題にされますが、現在は、現状より大きく下がることは考えにくいので、個人的には固定金利が安いことを皆様に注目していただきたいと考えています。

また、固定金利は、特約を結んで選択すると申しましたが、その種類は期間選択型と全期間固定型の2種類あります。

期間選択型は、2・3・5・7・10・15・20年等の期間、特約を結んで固定金利を選び、その間だけ金利が固定されます。しかし、多くの金融機関では、固定金利を選択すると手数料を取ります。

なお、、選択した固定金利期間の数か月前には、金融機関から固定期間の終了が近づいていることの連絡があり、再度、固定金利を選択するかどうか聞いてきます（固定金利を選択すれば、また手数料が必要です）。何もしなければ自動的に変動金利に戻されます。

全期間選択型は、文字どおり全期間固定金利です。これを選択すると、変動金利に戻ることはできません。

変動金利、固定金利どっち

これらのことを踏まえ、変動金利と固定金利どちらがいいのでしょうか。

この問題については、まず将来の金利動向の予想が難しい上に、収入や資産背景や考え方等がありますから、すぐには判断できません。しかし、１つの考え方としては、可能な限りどんどん繰上げ返済を実行して少しでも早く住宅ローンを返済したい、またその計画があるという方は、固定金利より金利が低い変動金利が有利です。一方、住宅ローン支払いは家賃感覚でゆっくり返済していくつもりという方は、金利は変動金利より高いがリスクが少ない固定金利を選択するのが懸命だと思います。

また、ファイナンシャルプランナーが推奨する、ハイブリット称する住宅ローンの組み方もあります。これは、例えば、２，０００万円の住宅ローンを組む場合、１，０００万円を変動金利で、残りの１，０００万円を固定金利でというようなミックス型です。

この場合も、繰上げ返済を早期にどんどん計画できる方は変動金利に偏った組み方、安定を望む方は固定金利に偏った組み方になるかと思います。

また、金融機関によっては、変動金利に強いところ、固定金利に強いところ、元利均等払いしか選択できないところ、元利均等払い・元金均等払いどちらでも選択できるところ等、様々ありますので、その辺りも決して不動産仲介会社に任せっきりにするのではなく、自分自身でホームページや勉強会等でしっかり情報収集することが大切です。

このように、住宅ローンの特徴等、中古マンション探しをする前に知っているのと知らないのでは大きく差が出るのは間違いありません。

自分の身は自分で守るのです。

6　繰上げ返済の重要性

住宅ローンを組む際に知っておきたい1つに、「繰り上げ返済」があります。

この繰上げ返済は、文字どおり、当初の返済予定より繰り上げて借入元本を返済をすることです。

その繰上げ返済には、「期間短縮型繰上げ返済」と「返済額軽減型繰上げ返済」の2種類があります。

まずは、「期間短縮型繰り上げ返済」です。

メリットは、繰上げ返済することで返済期間が短くなりますから、住宅ローン完済が近くなることと、期間が短縮できたことでその期間に支払うはずであった金利を支払わなくてよくなることです。すなわち、「返済額軽減型繰上げ返済」に比べれば、元本と利息を含めた総支払額が圧縮できます。

デメリットは、繰上げ返済をしても、毎月の支払額は変わらないことです。

したがって、もし、繰上げ返済の目的が、お子様の教育費、生活費等の一時的に負担となり、毎月の支払額を軽減したいためなどという場合、「期間短縮型繰上げ返済」は有効ではありません。

一方、もう1つの「返済額軽減型繰上げ返済」のメリットは、やはり繰上げ返済をすることで、毎月の住宅ローンの支払額が軽減できる点にあります。

デメリットは、毎月の住宅ローン支払額は軽減でき、繰上げ返済をしないよりは総支払額を軽減できますが、返済期間は軽減できません。したがって、「期間短縮型繰上げ返済」と比べると、支払利息を減らす効果は限定的です。

それぞれを1度数字に落とし込んでみましょう。

当初、２，５００万円の借入で、返済期間は35年、金利は２％を想定します。

「期間短縮型」と「返済額軽減型」のどちらについても、10年目に１００万円の繰上げ返済を実行したとします。

「期間短縮型」のほうは、返済期間は1年7か月短縮でき、金利負担は６０４，２５７円軽減できます。

「返済額軽減型」のほうは、返済期間の短縮はなく、毎月の返済額が８２，８１５円から７８，５７７円になり、毎月の返済額が４，２３８円軽減されますが、金利負担は２７１，５９７円しか軽減できません。

したがって、返済期間や金利負担を少なくしたい、毎月の返済額を軽減したいなど、目的をしっかり持って、それに沿った繰上げ返済を検討する必要があります。

そして、どちらの場合でも、少しでも早く繰上げ返済を実行するほうが効果が大きいのです。

例えば、２，５００万円を35年返済、元利均等払いで住宅ローンを返済中、同じ１００万円を繰上げ返済する場合、５年目にするのと15年目にするのでは結果が違います。

数字で申し上げましょう。

５年目に「期間短縮型」で繰上げ返済をしてみると、まず借入期間が1年9か月短縮でき、

768，105円の金利を得することができます。これを20年後に実行すると、借入期間は1年3か月の短縮、金利圧縮は330，807円になります。5年目に繰上げ返済を実行するのと比較すれば、期間にして6か月、金利圧縮は437，298円も違います。

住宅を購入し、住宅ローンを組んだ場合、必ずそれぞれの繰上げ返済方法の効果を知った上で、計画的に繰上げ返済をしていくことを織り込んだ生活をしていくことと、その時々の事情に合った繰上げ返済をしていくことで、少し先の未来や老後を豊かなに過ごすことに繋がります。

繰上げ返済を知っている、知らない、実行する、実行しないでは大きな差が出るのです。

ひと昔前までは、繰上げ返済を実行しようとすれば、平日の昼間しか営業していない金融機関支店に出向いて相談しなければならず、実行に際しては事務手数料を徴収されました。しかし、現在では、金融機関の口座にインターネットバンキングを開設することで、わざわざ支店に出向かなくても「期間短縮型繰上げ返済」や「返済額軽減型繰上げ返済」のそれぞれについて、繰上げ返済する金額など事前にシュミレーションをウェブ上で行うことができ、事前に繰上げ返済の効果をしっかりと理解した上で実行することが可能です。

しかも、繰上げ返済の手数料は、インターネットバンキング上で行えば、多くの金融機関は無料です。

なお、金融機関により、繰上げ返済をする場合の最低額が違います。また、繰上げ返済できる回数も違いますので、よりこまめに繰上げ返済が楽しくてしょうがないくらいに、利便よく実行できる金融機関を選ぶことも大事になってきます。

7　生命保険見直しのチャンス！　火災保険もしっかり確認

住宅ローンを組むと、何か背負うものがあり、気持ちが重くなったり、しんどいイメージを抱く方が多いのではないでしょうか。

しかし、実は、住宅ローンを組むことによっていいこともあるのです。

団体信用生命保険

その１つに団体信用生命保険があります。

金融機関は、購入された物件を担保に住宅ローンを融資しますが、民間の金融機関は債務者に団体信用生命保険加入を条件にします。いわゆる生命保険です。

この団体信用生命保険は、金融機関が加入を義務づける代わりに、保険料を負担してくれます。つまり、タダで生命保険に加入できるのです。

裏を返すと、持病など健康状態の告知により生命保険に加入できない場合、住宅ローンの審査が承認されても融資を受けることができない仕組みです。

ちなみに、普通の団体信用生命保険の審査にパスできなかった場合、金融機関によっては少し審査が緩い団体信用生命保険も用意しているケースがあります。また、稀ですが、団体信用生命保険に入れなくても、審査は厳しくなりますが、住宅ローン融資が実行される金融機関もあります。

それでもダメな場合は、フラット35という住宅ローンがあります。これは、基本、団体信用生命保険の加入は任意となっており、健康状態が悪くても利用できます。

団体信用生命保険をかけることにより、債務者が返済中に万が一事故や病気で死亡した場合、その時点で残っている残債は保険で賄われることになり、住宅ローンの残債はゼロになります。

残されたご家族がいれば、もちろんそのまま住宅に住み続けることができますし、売却して資金受け取ったり、その後のライフスタイルに住宅が合わない場合、引っ越してその住宅は賃貸に出して家賃収入を受け取ることだってできます。

さらに、無料で団体信用生命保険に加入できるということは、例えばご自分で加入されている既存の生命保険が5，000万円あって、2，000万円の住宅ローンを組んだ場合、合わせて7，000万円の生命保険に加入することになります。そのため、既存の生命保険料を少なくしたり、入院保険や学資保険などに組み直したり等、保険の見直しをすることも可能です。これらは、住宅保険会社やファイナンシャルプランナーに相談してみるべきでしょう。

また、オプションのため保険内容は各金融機関によって様々ですが、ガン特約や三大疾病、五大疾病、七大疾病等特定の疾患に診断された場合、免責期間はありますが、その時点で住宅ローンの残債がゼロになるようなものも用意されています。

最近は、医療が進んでいますから、診断され、保険が適用されて、住宅ローンの残債がゼロになり、病気が完治する可能性もあります。

ただし、保険の加入条件がやや厳しくなりますので、比較的若く、健康状態がよい場合は、ぜひオプション加入することをおすすめします。

火災保険

火災保険も、しっかりと比較検討すべきです。

火災保険は、火災・水災・風災・盗難などからのリスクを守る保険ですが、建物本体のみならず、家の中の家具や衣服などを保証する家財保険、地震で被害を受けた場合、補償してくれる地震保険（地震に起因した火災については地震保険に入っていないと補償されません）などがあります。

さらにオプションの主なところでは、自分が火元で火災を起こし、周辺に迷惑をかけてしまった場合に賠償をカバーする類焼損害、同居中の家族が他人の物を壊したりしてなどして賠償責任が生じた場合にで賠償額（保険金額内）を補償してくれる個人賠償責任保険などがあります。

個人賠償責任保険などは、意外なときに役立つかと思います。保険料もそんなに高価なものではありませんので、ぜひ検討してみてください。

また、マンションの場合、うっかり水を出しっ放しにして水漏れを起こし、下の階に迷惑をかけることもよく聞きます。それに備えて、多少保険料は高くなりますが、このようなケースを補償してくれるオプションへの加入検討も必要でしょう。

水災に関しても、購入予定の物件がどのようなリスクを抱えた地域に立地するのかを、国土交通省作成のハザードマップ（http://disaportal.gsi.go.jp/）を確認して、浸水想定地域や土砂災害危険地域など一目瞭然で把握できますので、ご自分でよく確認して、オプション加入を検討することをおすすめします。

地震保険もよくご検討ください。昨今、地震発生が多く、地震保険が注目されている中で、地震保険に入っている割合は、全国平均30％で、まだまだ加入率が低い状態です。

分譲マンションは、鉄筋コンクリート造で建築されているため、一戸建てに比べて比較的耐震性が高いからと安心して加入されない方も見受けられますが、重ねて申し上げるように地震による災害は、火災保険に加入していても地震保険に加入していないと補償されません。

また、新耐震・旧耐震で保険料割引に差が出る場合もありますし、その差も建築士による耐震基準適合証明書を提出することで埋めることができる場合もあります。しっかり調べ、割引も受けて、もしものときに後悔しないよう、地震保険のご加入をご検討いただきたく思います。

加えて、火災保険について、各社補償内容や保険料についても違いがありますが、大抵の方が不動産仲介会社もしくは住宅ローン融資を受ける金融機関から斡旋を受けて、比較検討することなくご加入する方が多いです。1社の提示を鵜呑みにしては損するケースもあるかもしれません。しっかりと比較検討しましょう。

第3章

だまされない、損しないために不動産業界の慣習を知ろう！

1　不動産業者は千三つ屋？

皆様は、「不動産屋」とか「不動産」という言葉を聞いたとき、どのようなイメージを抱かれるでしょうか。「騙されそう」「怖い」など、悪いイメージを抱かれる方が多いのではないでしょうか。

実際、昔は、不動産に携わる人のことを世間で「千三つ屋（せんみつや）」と呼んでいたことがあります。その由来は、千に3つしか本当のことを言わないと揶揄されたのがきっかけです。

ひと昔前までは、本当に風通しが悪く、誰に聞いても言っていることが違うなどということはざらにありました。しかし、最近では、インターネットなどが普及し、情報の透明化が進み、以前よりはよくなったと思う部分が多々あります。しかし、それでも、実際に不動産仲介業に携わっている者として、まだまだ閉鎖的な業界であることは否定できません。

賃貸にしても、売買にしても、大きな金額が動き、責任ある仕事であるのに、比較的参入壁が低い業界で、成功すれば比較的高収入を得られる業種ですから、仕事にやりがいというよりは、収入にやりがいを感じて業界に飛び込んで来られる方も少なからずおられます。

多くの不動産会社の給与体系は、「基本給＋高率歩合」が多いため、のちに触れますが、物件によっては会社または担当者にとって都合がいい物件とあまりよくない物件があり、どうしてもお客様にとっては偏った物件の情報提供になりがちなのも事実です。

しかし、勘違いしないで欲しいのは、衣食住の「住」に関連する重要な職業であり、人と深くかかわることができ、仕事を全うすればお客様から本当に喜んでいただける素晴らしい職業であるということに誇りを持って日々従事している方もたくさんおられるということです。

それでは、なぜそういうことになるのでしょうか。

それは、決してこの業界に携わる会社が悪い、また従業員の人間性が悪いのではありません。日本の不動産業界の「仕組み」が悪く、古いからです。

日本では、不動産取引は宅地建物取引業法という法律に則り行いますが、この法律では「両手取引」が合法的に行えるのです。

両手取引については、次に詳述しますが、これはどう考えても倫理的におかしい取引なのです。合法ドラックと同じように、法の抜け道的に抜け落ちているような気がします。売主様、買主様どちらにも不利になってしまいます。

2　両手取引って何？

両手取引とは

両手取引とは、簡単にいえば、売主と買主が登場する取引を１人の不動産業者が仲介し、成立させる取引です。

この「両手取引」ですが、どのような弊害が生じるのでしょうか。

ここでは、売買の場合について説明することにしましょう。

不動産売買の場合、「買主」と「売主」が登場します。買主は、少しでも安く、自分にとって少しでもいい条件で不動産を購入したいと考えています。一方、売主は、少しでも高く、自分にとって少しでもいい条件で不動産を売却したいと考えています。

つまり、買主と売主とでは、利益が真逆で相反し、争いごとで裁判する場合にたとえれば、原告と被告と同じです。

ところで、裁判では、原告と被告の双方の代理（弁護）を行うことは基本的に禁止されています（双方の同意を得ればその限りではありません）。理由は、全く利害が違う原告と被告、それぞれの立場に立って見てみると、「弁護士さん、いったいあなたはどっちの見方なの？」と疑問になるはずですし、やっぱり倫理的におかしいからです。これで纏まることがあるでしょうか。

しかし、現在の宅地建物取引業法下では、この倫理的におかしい両手取引が合法的に行えるのです。

また、お気づきの方もおられるかもしれませんが、買主と売主のどちらも仲介すると、それぞれから仲介手数料を受領できます。つまり、1つの取引で通常の取引の倍の仲介手数料が得られるのです。

そのため、次のような状況が生じます。

買主が、不動産仲介会社に不動産購入を相談しに来たとしましょう。その不動産仲介会社が抱えているある物件は、売主様から直接売却のご依頼をもらっている物件、つまり両手取引に該当する通常の取引と比べて倍の仲介手数料が得られる物件で、その他の物件は、通常取引（片手取引）の物件だったとします。

相談をされた不動産仲介会社の営業担当は、基本給＋歩合給、つまり営業成績がダイレクトに給与に直結するため、どうしてもお客様に対して自分に有利な物件提案をしてしまうことになります。百歩譲って、その物件がその買主様にとって悪くない、または条件に合った物件であったとしましょう。

それでも、価格交渉や契約内容の交渉に入れば、必ず売却物件つまり売主と不動産仲介会社がつながっていますから、少しでも高く、売主にとって少しでもいい条件で売却するようにコミットするはずです。

つまり、買主の味方ではない可能性が往々にしてあるわけです。そんな不動産仲介会社に安心して交渉を依頼することができますか。

買主の立場として、価格交渉はもちろん、契約内容に関しても、少しでも買主にとって有利な内容で売買契約を締結したいはずです。そのためには、まず、自分の話にじっくり耳を傾けてくれ、自分の意思を尊重してくれる不動産エージェントを見つけることが必要です。

3　不動産先進国アメリカ？

アメリカでは専門スタッフが役割分担

日本は、アメリカの不動産業界に比べて100年遅れているといわれています。日本における不動産業の社会的地位は決して高くはないですが、アメリカでは不動産業に従事している人はエージェント（代理人）と呼ばれ、その社会的地位は日本でいう医師や弁護士と肩を並べるほどだそうです。人生を有意義に過ごす秘訣は、友人に「医師」・「弁護士」・「不動産屋」を持つことだとの格言めいた言葉があるくらいです。

もちろん、現在のアメリカでは、ほどんどの州で「両手取引」は禁止されています。もし、両手取引を行う場合は、書面により説明し、同意を得る必要があります。

アメリカで不動産業に従事するには、日本でいう宅地建物取引士という資格を必ず取得し、研修を受けなければならず、資格を取得してからも厳しく義務化された研修プログラムが用意されています。

しかも、アメリカでは、不動産を購入する場合、相談や案内をする役割、契約をする役割、住宅ローンを斡旋する役割、資金の流れ・登記等を担保する役割、インスペクション（住宅検査）をする役割と、すべて独立し、専門のスタッフが担当します。

一方、日本での不動産業の会社は、組織に宅地建物取引士を何と5人に1人置けばよいだけで、ほかの4人に関しては素人でも何のおとがめもありません。しかも、宅地建物取引士以外は、研修を定期的に受けなければならないというようなプログラムも義務化されていません。

まあ、これでは、社会的地位が違っていて当たり前かもしれませんね。

実態は、大手不動産業者だろうが、地元の不動産会社であろうが変わりありません。したがって、賢く不動産購入をしたいならば、物件選びはもちろん大切ですが、不動産会社選び、担当者選びもより力を入れるべきなのです。

不動産売却情報データベース

そんなアメリカも、１９７０年代までは、今の日本と同じように両手取引が合法的に行える時期がありました。しかし、倫理的におかしい現行の仕組みを変えようと全米の有識者が集まった団体が、マルチリスティングサービス（以下、「ＭＬＳ」と呼称します）という不動産売却情報を一元化し、透明性あるデータベースをつくりました。

当初、多くの売物件情報を抱え込んでいる地元不動産会社や大手不動産会社は、折角苦労して集めた売物件情報を何の情報も持っていない業者と共有するのは意味がないと考え、猛反対していました。しかし、仕組みが浸透していくにつれて、情報を囲い込んでいても契約が成立しないと何の利益にもつながらず、コストと時間をかけて買主を見つけて両手取引を成立させるよりも、売物件情報を公開し、よりスピード感がある成約にもっていくほうがコスト削減になり、公開することで市場原理が働き、売買価格も上昇し、ひいては仲介手数料収入の増加につながることが理解されていきました。

そのため、次第にＭＬＳに参加する不動産仲介会社が増え、今ではＭＬＳを使うのが一般的で、すべての州ではありませんが、物件情報を囲い込むことは基本的に法律で禁じられるようになっています。

さらに、アメリカでは、いろんなＷＥＢサイトで不動産情報が公開されています。現在売り出されている物件情報はもちろん、過去の成約事例なども公開されているので、今購入を検討している物件が安いか高いか判断できます。

また、より透明性高い不動産取引が可能なため、一生の中で行う不動産売買は、日本人が平均して1回、多くて2回くらいなのが、アメリカでは6回〜7回にもなっています。

日本でも、40年遅れで不動産業界の仕組みを改善しようと試みをしていますが、実情はまだまだクローズドの業界です。

そんな中、しっかりと業界の仕組みを知った上で、チラシやＷＥＢサイトなどの広告媒体を見るのと、何も知らないで見るのでは、当然、大きな差が出てきます。そして、そのリスクは、自分が取ることになるのです。しっかりと事前の知識を持って、中古マンション購入に挑みましょう。

4　ポータルサイトの正しい見方のポイント

注意したいおとり広告

皆様は、中古マンションをお探しになるとき、まずはご自宅のポストに入っているチラシや新聞折込みのチラシ､そして大手不動産ポータルサイトで物件情報を収集するのが一般的だと思います。しかし、このポータルサイトに掲載されている物件は、玉石混交です。

各ポータルサイト運営会社が設けているガイドライン（当然のことですが、嘘の情報は掲載しない等の規準）はあるのですが、ポータルサイト運営会社のお客様は一般の不動産を探しているエンドユーザーではなく、掲載料を支払って物件情報を掲載する不動産仲介会社です。したがって、どうしてもそのガイドラインの監視は甘く、数か月前に成約してもう存在していない物件を掲載し続けたり、さらには存在しない物件を掲載しているケースも見受けられます。

残念ながら、その物件が本当にあるのかは、素人の方が確認できる術はなく、その物件を掲載している不動産仲介会社に電話かメールで問い合わせるしか手立てがありません。

そして、実際、その物件がなくても、そんな物件を掲載している不動産仲介会社は、かなりの確率で「はい、あります」と答え、まずは来店か物件内覧に誘導するでしょう。

行ってみると、昨日成約してしまったなどと言い訳をして違う物件をすすめたり、来店をすすめてきたりというようなことなことが今でもあると思います。

われわれの業界でいう「おとり広告」です。

では、素人の方は、どのようにして本物の物件探しをしたらよいのでしょうか。残念ながら、チラシの紙面やインターネットの画面上だけでは、調べる方法がありません。実際に、メールか電話で問い合わせて、見学の手配を取ってもらうしかないでしょう。

以上のことから、物件探しにおいてポータルサイトは大変有効なツールであるのは間違いないですが、あくまでツールです。確実なのは、その掲載物件が実際にあるのかないのか調べてくれる信頼できる不動産仲介会社や担当者を見つけることが一番よいのではないでしょうか。

買主の味方業者探しのポイント

「両手取引って何？」でお話しましたが、ポータルサイトを見ていてその物件が見てみたい、でも両手取引は嫌だ、何かこの不動産仲介会社は不安、でもこの物件は一度内覧してみたい―そんなときは、まずポータルサイトの物件ページの物件概要の「取引形態」という欄を見てください。そこに「専属専任媒介契約」「専任媒介契約」「一般媒介契約」の記載がある場合は、直接売主と媒介契約を締結しており、基本的に売主の味方になる不動産仲介会社であることがわかります。

皆様は、ポータルサイトを見ていて、何軒も同じ物件が出ていて、それぞれ不動産業者が違うという経験はないでしょうか。

ホームページを見て閲覧している身として、なぜそんな不自然なことが起きるかという疑問が湧くことでしょう。

業界内では〝物元〟と呼びますが、「専属専任媒介契約」「専任媒介契約」「一般媒介契約」などの媒介契約を売主と締結してる不動産会社等があります。それらの会社等は、自ら売主としてレインズに登録する際、広告承諾を「可」か「不可」を選べるようになっていますが、「可」にすれば当然、売り物件情報を他社に無料で広告してもらえることになります。

そのため、本来は、「不可」にする必要性はないのです。ところが、「可」にして、他の不動産仲介会社の集客でその会社が買主を見つけて交渉成立した場合、媒介契約している会社は片手取引、つまり売主からは仲介手数料を受領できますが、買主からは受領できません。なぜなら、買主は、他の不動産仲介会社が客付けしたお客様だからです。

ですから、売主と媒介契約を締結している不動産仲介会社は、このレインズの広告掲載の箇所を大抵の場合「不可」にして、他の不動産仲介会社に広告をしてもらうことを嫌います。

ちなみに、不動産会社が自ら売主になっている物件をレインズで見つけると、ほぼほぼ例外なく広告掲載の欄は広告「可」になっています。当然です。労せずして自分の物件を広告・営業してくれるのですから…。

では､どうすれば､自分（買主）の味方になってくれる不動産仲介会社を探せるのかというと､ポー

タルサイトの物件ページの「取引形態」の欄が「専属専任媒介契約」「専任媒介契約」「一般媒介契約」以外、つまり取引形態の箇所が「仲介」となっていれば、売主とは直接取引がなく、基本的に買主の味方になってくれると考えてよいでしょう。

しかし、それだけではなく、そのポータルサイトに物件を掲載している不動産仲介会社しかその物件を紹介できないのではなく、不動産仲介会社はレインズという不動産物件情報を共有しているデータベースで物件情報を共有しているので、どの不動産仲介会社に相談してもその物件を紹介してもらえます。

ですから、1度試してほしいのですが、ポータルサイトを見て、内覧してみたいなと思った物件があったときには、その物件が所在する地域名や路線名、駅名、物件名でもいいですが、基本的に「地域名や路線名、駅名、物件名」プラス「不動産会社」などの複数キーワードで検索してみてください。

そこで各不動産仲介会社のホームページを見て、会社概要ページ、代表者ページ、代表者ブログ、担当者ブログなどなど、そのホームページから垣間見れるもので、何かこの会社信頼できそう、この担当者に相談してみたい、そんなところがもし出てきたら、次のように相談してみてください。

「御社のホームページを見て連絡しました。ポータルサイトで○○という物件を見たんですが、見学してみたいと思い、物件の近くによい不動産仲介会社がないかと探していたら、御社のホームページを見つけ、親切そうに見えたので連絡してみました」。

度々申し上げますが、その物件は、基本的にどの不動産仲介会社でも取り扱えるので、物件訴求で探すより、このような方法で見たい物件を選んで問い合わせ、同時に相談する不動産仲介会社もしっかり吟味することが大切です。

「○○という物件を見学したいんですが？」という淡白な問合せより、前述したような問合せ内容のほうがベターです。また、きちんとしている会社ほどホームページに力を入れているので、そのような問合せはうれしいはずです、力になってくれる可能性も高くなります。

少々恥ずかしくなるかもしれませんが、個人的には有効な手段だと思いますので、１度試していたたいてもよいと思います。

5　不動産会社との正しい付合い方のポイント

賃貸はネットがメインに

同じ不動産業でも、賃貸の仲介は、非常に先進的ともいえます。というのは、インターネットが普及したことで、随分様子が変わってきたからです。

賃貸業者さんのお話を伺っていると、お客様は、ホームページやポータルサイトで自分の条件に合う物件を自分で探し、掲載されている写真などをよく見て、不動産仲介会社に問い合わせてきて、現地案内を頼み、現地で品定めというよりは、インターネットに掲載されている情報や写真と見比べて確認するだけで見学者の半分は成約に結びつくそうです。

つまり、ほぼネット上で勝負は決まってしまい、営業マンのスキルや対話などが介在する余地が少なくなってきているそうです。

物件内覧に関しては、現地にキーボックスなどを設置し、営業マンの同行なく直接お客様に物件を見に行ってもらい、お客様が内覧した物件を気に入ってから初めて不動産仲介会社に出向いて詳しい話を聞くなど、どんどん人が介在するところが少なくなってきているそうです。

ところが、売買の場合は、そこまではインターネットに依存していません。

というのも、約半分の物件は、まだ所有者が居住中で、物件の外観写真はあっても内観写真は掲載されていませんから、どうしても不動産仲介会社を介して物件を内覧する必要があります。

そのほか、賃貸ということでは妥協できる部分があっても、持家となるとそんなに簡単に妥協はできません。また、住宅ローンや税金、リフォーム、リノベーション工事等、やはり人に依存する部分は今後もなくならないのではないかと思っています。

人的要素にも注意

ここからは、かなり個人的で感覚的な部分もあるので、参考程度にしていただければと思います。

いかにも「こっちは客やぞ」「聞かれることだけ答えたらいい」みたいなお客様も少なからずおられますが、これはいただけません。というのは、筆者が不動産仲介業界にいる立場だからではありませんが、不動産仲介会社に勤務している営業マンも生身の人間ですから、その辺も十分に考慮することが大切だということです。

不動産探しの担当者は、自分を頼りにしてくれ、信頼してくれるお客様にはその気持ちに応えたいと考えています。標準的なサービスはもちろん、喜んでいただけるプラスアルファも含めて、何とかお客様の気持ちに応えたい、そう思っています。

お客様のほうも、信頼できそうな不動産仲介会社や担当者がいれば、きちんと自分の情報や物件探しの条件を開示し、その担当者を信じてみることが必要です。相手を信じれば、相手も自分を信じてくれると思います。

そんな信頼関係が生れるような良質なコミュニケーションができれば、あらゆる危険から自分を守るフィルターになり得ることもあると思います。このようなことは、何も不動産探しに限ったことではありません。

例えば、喫茶店に行ったとき、店員さんに「コーヒーすごくおいしかったです」「このお店すごく雰囲気がよくて好きなんです」などと一声をかけるだけで、「お客様いつもありがとうございます。きょうはサンドイッチ1つおまけしておきました。他のお客様には内緒ですよ」などということがあるかもしれません。

そんなことでサービスにむらがあってはいけないとも思いますが、少し言い方は悪いですが、利口に担当者を手玉に取るくらいのお気持ちで、不動産仲介会社に対して対応してみるのも賢い物件探しにつながるのではないでしょうか。

いずれにしても、中古物件は、レインズという物件データベースに情報がほぼ一元化されている状況下、どこの不動産会社に行っても基本的に質も量も物件情報は一緒です。

しかし、お客様自身が、いかに不動産仲介会社からプラスアルファのサービスや情報を引き出すことができるか、さらには賢く不動産を購入するにはどの不動産仲介会社から購入するか、どの担当者に世話になるかという判断基準も必ずあると思います。その際、これは冒頭に申し上げましたが、こんな考えがあるんだなと思うくらいで結構ですので、頭の片隅にでも置いて参考にしていただければ幸いです。

不動産購入を検討するとき、誰でも「だまされたくない」「損したくない」と考えています。

しかし、不動産業を営んでいる立場から見ると、不動産業界での不動産取引の慣習、不動産先進国アメリカでの不動産取引の慣習、ポータルサイトの正しい見方、さらには不動産会社との付合い方など、事前にしっかりと調べて購入を検討している方は本当に少なく、ほとんどの方が知るべきことを知らず、筆者から見れば暗中模索の中、行き当たりばったりで探している方も多く、運よくご自分にとってよい物件、よい不動産会社、担当者に出会えればよいのですが、運悪くその反対に出会ってしまうと大変なことになるかもしれません。

しっかり賢く、中古マンションを購入するため、自分で事前の準備をして、さらには相性やコミュニケーション等の人的要素も抑えた上で、物件探しをスタートさせていただきたく思います。

第4章　いよいよ物件探し開始

1　全体の流れを確認！

これまで、物件探しを始める前段階、相談する不動産仲介会社を決める前に事前に知っておきたいことを紹介してきましたが、いよいよここからは、実践に即したお話をさせていただきたいと思います。

多少の妥協はあっても、大切な予算、立地、広さ、間取り等規模条件が揃い、中古マンションの購入を決断し、購入申込みをするところから入りましょう。

まず、購入を決めたら、購入申込書（業界では買付け申込書と呼びます）を記入し、売主様に購入の意思表示をします。

この購入申込書の内容のうち一番大事なのは、もちろん購入希望金額です。値引き交渉は、ここから始めることになります。

次に、手付金の額、予定契約日、購入条件、物件決済日、金種（キャッシュで購入するのか住宅ローンを使うのか）などを記入します。

手付金というのは、売買契約の締結を売主様に証することを目的とした金銭のことで、通常、売買契約を交わすと同時に売主様に支払います。

手付金の額は、購入する物件の10％が目安になりますが、買主様が購入の際に用意できる自己資金額が少ない場合は、売主様に対して頭金を少額にしてもらう交渉が必要になったりします。

契約予定日に関しては、通常、売買契約を締結する場合は売主様、売主様側の不動産仲介会社、そして買主様、買主側の不動産仲介会社の四者が立ち会って売買売契を締結することになりますので、まずは都合のよい契約日時を記入し、最終的には両者にとって都合のよい日時に設定することになります。

ちなみに、どうしても売主様と買主様の日程調整が合わない場合は、持ち回り契約といって、売主様・買主様それぞれが別々の日に契約書面に署名捺印をし、手付金の授受も双方の不動産仲介会社を介して行う場合もあります。

しかし、最初に会えるチャンスで、双方が納得して合意に至るのが原則ですから、できるだけ双方が時間を調節して、買主・売主同席の上での売買契約締結をおすすめします。

購入条件については、例えば、「部屋に置いてあるエアコンはそのままつけておいてください」とか、「ドアや引き戸の立てつけが悪いので、売主様に引渡しまでに建具の補修をして欲しい」など、直接売主にお願いできます。

もし、立合いでない場合は、売主様に交渉してもらいたいことを不動産仲介会社と相談しながら物件状況報告書などに記入することもて@gますので、気になる箇所があれば売買契約締結前にチェックしておきましょう。

購入物件の決済予定日は、中古マンションを購入して、リフォーム・リノベーション工事をする前提で売買契約を締結する場合、この日程調整は非常に大切な決定事項になります（住宅ローンを組む場合）。

というのは、本格的なリフォーム・リノベーション工事の具体的な打合せなどは、売買契約を締結してからになります。したがって、売買契約から物件決済日の間隔が短い場合、住宅ローン支払開始は、通常、購入物件を決済すると翌月から支払いが始まるケースが多いので、買主の立場とすればできるだけ契約から決済までの時間を長く取りたいと思うはずです（最低でも1か月半から2か月は欲しいところです）。

一方、売主の立場としては、特段の理由（買替えや学校の都合等）がない限り、売買契約締結後なるべく早く決済をしたいと思うのが人情です（通常、売買契約締結後、現金購入の場合は2週間前後、住宅ローンを使う場合でも1か月から1か月半くらい）。

このようなことを不動産仲介会社の担当者と相談し、相手（売主）にも交渉しながら、売買契約に向けてすり合わせし、いよいよ売買契約を締結します。

売買契約が終了すると、住宅ローンの正式承認を得るために、売買契約書等の写しや年収等を公的書類で確認する必要があり、各種収入証明や住民票・印鑑証明書などを添付して住宅ローンの本申込みをします。

承認後は、金融機関と金銭のやり取りを約する金銭消費貸借契約を締結し、数日後に不動産売買の決済を行って、その日に所有権が移転し、住宅ローンも実行となります。

その後、打ち合わせた内容で、リフォーム・リノベーション工事が着工し完成すると、いよいよ工事が完成した自分の物件とのご対面となります。

2　住宅ローン事前審査のここがポイント！

中古マンションを購入検討する際には、まず住宅ローン事前審査が必要です。購入物件が決まってない段階で、なぜ住宅ローンの事前審査を先にする必要があるかというと、理由は２つあります。

１つ目は、気に入った物件と出会えたとき、すぐに物件を押さえるためです。通常、不動産購入の場合、購入申込書に署名捺印し、不動産仲介会社に提出するだけでは、物件を止めることはできません（キャッシュで購入する場合はこの限りではありません）。

多くの方が中古マンションを購入する場合、住宅ローンを利用すると思いますが、住宅ローンを使うとき、売主様側の不動産仲介会社は買主様の資金計画が確定しないと、物件を一番手として止めてくれません。

購入する意思があっても、住宅ローン審査が否決されてしまうと、その間に購入希望者が現れた場合、断るか住宅ローン事前審査の行方を待ってもらうことになってしまうことになり、売主様側にとって機会損失になってしまいます。また、事前審査もなしに売買契約をしてしまい、万が一、住宅ローン審査が否決に終わると大変だからです。

一方、リフォーム・リノベーションを前提に中古マンション購入を検討されてる方は、やはり未改装の物件を少しでも安く購入したいと考えるかと思いますが、昨今、不動産業者が中古マンションを買い取り、自社で簡単な表層リフォームだけして再販するビジネスが増えてきています。そのため、市場に出てくる未改装の物件数が少なくなり、逆にリフォーム・リノベーションを前提に中古マンションを購入する方が増えています。したがって、そのような物件は、本当に取り合い状態になります。

そこで、住宅ローン事前審査の承認通知があれば、売主様側の不動産業者によっては、物件を止めてくれる場合もあります。また、1度住宅ローン事前審査をしておくことで、次に審査する住宅ローン事前審査が、通常3日くらいかかるものが通常より早く承認を貰えることもあります。

さらに、以前に住宅ローン事前審査で承認が取れているというエビデンスになりますから、当然、購入予定の物件で再度住宅ローン事前審査をする必要はありますが、それを信じて1番手として物件を押さえてくれる不動産仲介会社もいます。

そうなると、スピーディーに条件に合った物件の購入交渉を行うことができますから、必ず住宅ローン事前審査をすることをおすすめするわけです。

なお、住宅ローン事前審査は、不動産仲介会社に相談すれば、多くの場合は無料で手続をしてくれるはずです。

2つ目の理由は、住宅ローン審査または借入限度額の確認のためです。

住宅ローン審査の基準・借入限度額は、金融機関によっても違います。

例えば、リフォーム・リノベーション工事代金についていえば、借入限度額がほぼ上限がない金融機関もあれば、あまり積極的ではなくて借入限度額を設けている場合もあります。

いずれにしても、特に年収や年齢等で住宅ローン審査に不安な方は、必ず住宅ローン事前審査をおすすめします。もっとも、比較的年収が高く、勤務先が安定している方でも、まれに否決される場合があります。

これは、実際にあったことです。一部上場企業勤務で、頭金も物件価格の3割以上用意できるお客様で、年齢も若く、表面的な条件では全く心配していなかったのですが、承認を得ることができませんでした。

審査をした金融機関は、否決の理由について、本人からの請求があっても、一切答えてくれません。念のため、そのお客様に、過去にクレジットカードや車のローン等の払い忘れや延滞がないかと聞きましたが、「ない」という返事で、それらしき理由は見つかりませんでした。

ただ1つだけ思い当たるとしたら、海外出張で長期間日本を離れたとき、携帯電話の支払口座にお金を入れておくのを忘れていたため延滞になってしまったことがあったとのことでした（それが原因かどうかはわかりません）。

その携帯電話は、割賦払い（分割払い）にされていたらしいのです。これは、金融機関からするとれっきとした借入れになっており、支払いを延滞してしまうと個人信用情報に滞納が登録されてしまい、住宅ローン審査に影響してしまうのです。

金融機関は、この個人信用情報を最も重んじるので、このような属性のよい条件の方でも住宅ローン審査はかなり厳しくなります。

このような事案は、結構あります。また、奨学金の未払いや過去のうっかり支払い忘れなども住宅ローン審査に影響致しますので、住宅ローン事前審査は強くおすすめします。

加えて、これも最近よくある落とし穴ですが、前述したように団体信用生命保険の審査に承認が得られない場合も、住宅ローンを借りることができなくなる可能性が高くなります。

意外と知られていないことですが、うつ病の治療や通院履歴があると団体信用生命保険の審査はかなり厳しくなります。

そのほか、年齢や持病等の健康状態（血圧や血糖値等）が不安な方は、住宅ローン事前審査と一緒に団体信用生命保険の審査もすることをおすすめします。

ちなみに、事前審査をする場合は、会社員・会社役員については直近の源泉徴収票と健康保険証、運転免許証、また、借入れがあるときはローンの償還票（返済計画が記載されている書類）が必要です。なお、会社役員の場合は、勤務先の決算報告書（直近3期分）の提出を求められることになっています。

自営業者は、確定申告書の控え（直近3年分）が必要です。また、会社役員・自営業者は、基本的に頭金が物件価格の2割は必要になり、諸費用も入れると物件購入時には物件価格の３割くらいは現金が必要になります。

もっとも、その必要はない場合もありますので、いずれにしても初めから住宅ローンに不安があるときは、不動産仲介会社や金融機関に相談してみましょう。

最後に、地方銀行などは少し違うかもしれませんが、銀行が住宅ローン審査をする際の机上の計算の目安を少しだけご紹介しましょう。

まず、返済比率というものがあります。

例えば、２，０００万円を金利１％で期間35年で借り入れると、返済は月々５４，４５７円になり、年間支払額は６７７，４８４円となります。

この方の年収が５００万円だとすれば、６７７，４８４円÷５００万円×１００＝13・５％になります。

銀行は、この年収に対する年間のローン支払額の割合を基準に、机上の審査をします。詳細の審査基準は各都市銀行によって違いますが、約35％の範囲に入っていれば机上の審査は問題ないでしょう。

ただし、各都市銀行は、過去の住宅ローン金利の推移を見て、現在の貸出金利を元に計算した返済比率ではなく、金利上昇リスクを織り込み、審査金利を3・5％前後で計算します。したがって、住宅ローン事前審査の返済比率の求め方は、２，０００万円を金利3・5％で期間35年で借りた計算で行いますので、月々の支払額は８２，６５８円、年間支払額は９９１，８９６円になり、返済比率は991，896円÷500万円×100で19・8％という形になります。

この計算をもとに、ご自分の年収でいくらくらいまでなら住宅ローンの借入れが可能かを計算してみましょう。

審査金利3・5％で100万円当たりの月々の支払いは4，132円です。年収500万円×35％÷12か月＝145，833円になり、先ほどの審査金利3・5％で100万円当たりの支払額は4，135円ですので、145，833円÷4，135円×100万円＝約3，526万円になります。よって、審査金利35％で年収500万円の方は、3，526万円までなら机上で住宅ローンの借入れができることになります。

しかし、3，526万円借り入れる予定で、例えば車のローンが月々1万円あるとしたら、金利3・5％の場合の年間支払額は1，748，712円になり、これに車のローンの年間返済額12万円を足して年収500万円で割ると返済比率は返済比率約37％になりますので、机上の住宅ローン審査は否決となります。

このように車のローンだけでなく、クレジットカードや商品の分割払いなどの借入れも返済比率を出す場合に加味する必要があります。さらに、消費者金融の借入れなどがあると、数字だけの判断ではなく、審査の印象が悪くなる金融機関もあります。

極まれには、ご主人様が奥様に黙っての買物のために借入れをしている場合など、奥様のいる前では申告しにくくて、そのまま審査に出してしまい、ローン審査が否決になることもあります。

この場合、返済比率が基準オーバーしたときはしょうがないところもありますが、返済比率オーバーしていない場合でも、他に借入れがあるのを隠していたと悪意に金融機関が判断して、審査が否決になる場合もあります。１度出てしまったローン審査の結果は、申告すべき分を忘れていたなどという理由で覆ることはほとんどありません。

ですから、住宅ローンを利用する予定の方は、しっかりと借入れの整理と把握をしておかないと、せっかく苦労していい物件を見つけても、購入機会を逃したりする可能性がありますので、ご注意ください。

3　立地条件を最初に決める

不動産業に携わる立場として「不動産で一番大切なものは何か」と尋ねられたら、間取りや建設したデベロッパーではなく、立地だと答えます。

立地は、動かせないものです。また、その周りの土地建物の所有者も、第三者ですから簡単に変えることができない普遍的なものです。

中古マンションを購入する立地に関しては、利便性や資産性等を考えて、慎重に選んでいただきたいと思います。

戸建ての場合、築年数によっては違法建築がたくさんあり、もしそういう物件を購入してしまうと、資産性という意味で問題です。

万が一、何かの理由でご自宅を売却しないといけなくなった場合、購入希望者が現れても、その物件の違法建築が原因でなかなか住宅ローン承認を得ることができなかったり、住宅ローン審査を通過しても思うような優遇金利を受けることができないケースもあります。

もっとも、戸建てを購入する場合は、その地域の都市計画法や土地や前面道路など注意しないといけないことがたくさんありますが、その点、分譲マンションは、基本的に資本力、社会性が高い大手デペロッパーが分譲している場合がほとんどで、合法的に建築されていますから、その辺りはあまり心配ありません。しかし、それでも購入を決断する前には、必ず現地に出向き、自分の目で確認して頂きたい項目がいくつかあります。

1つ目は、時間帯で見えてくる景色です。

あまり土地勘がない場所で購入を検討する場合、できれば時間を変えて、朝昼晩物件の周りを自分の目でご覧いただき、雰囲気を確かめていただきたいのです。

この作業は、家族に女性や小さなお子様がおられる場合は必須です。また、通学される予定の学校の距離や通学路も確認が必要です。

特に都心は、昼間と夜間では随分雰囲気が違うことが多いものです。

2つ目は、購入物件の周りにある建物や空き地の状況です。

老朽化した建物が周りにある場合、将来建て替えられて現況より高い建物が建ち、景色や日照状況に影響が出てしまうことも考えられます。また、もし空き地やコインパーキングなどがあった場合は、将来何かが建設されることを織り込んで購入を検討すべきです。

都市計画法では、用途地域というものがあり、大別すると住居系と商業系・工業系があるのですが、住居系以外の用途地域では、周りに建物が建築されたことにより日照に影響が生じても、強く主張することができません。

都心のマンションは、商業系の用途地域に建築されることが比較的多いので、特に注意が必要です。

３つ目は、前章でも紹介したように、分譲マンションを購入する際には、マンションの管理状態を見ることが大切です。したがって、管理組合から得られる重要事項調査報告書記載の数字や各種情報も大切ですが、目視で得られる情報も非常に大切です。

特に、簡単に管理状態を判断できる個所としては、エントランスや共用部分に秩序なく放置自転車がないか、メールコーナーにチラシなどのゴミが散乱していないか、ペット飼育可・禁止にかかわらずエレベーター内がひどく異臭がしたり汚れていないか、この辺りは誰でもできる確認作業なので、ぜひチェックしていただきたい点です。

また、分譲マンションのベランダは、美観上布団などをかけて干すことは禁止されていますが、秩序なく干されている物件は各区分所有者のモラルやマンションが自分の資産である意識が低下している可能性があります。

さらに、エントランス付近にある掲示板などにも目を通しておくと、そのマンションのいろんな情報を得られる場合もあります。

オートロックで中に入れない場合は、不動産仲介会社の物件案内時に気をつけて見てみることをおすすめします。

車を所有している場合は、駐車可能な収容サイズや物件によってはかなり駐車が難しい場所にあったりするのでこちらも要確認です。

気になることがあって、必要があれば管理人さんに声をかけてみるのもいいでしょう。

マンション内のいろんなサークルや催しもの、共用スペースの利用状況、住人の様子、近隣状況、管理人の人となり等、いろいろな情報が得られるかもしれません。

この辺りは、不動産仲介会社に頼らず、自分の足を使って確認できることなので、ぜひ確認してみましょう。

4 物件探しは「百聞は一見に如かず」

「百聞は一見に如かず」と言いますが、中古マンション探しでも、この言葉をぜひとも心にとめていただきたいと思っています。

最近は便利になって、図面や内観写真はもちろん、現地に行かずしてグーグルマップのストリートビューを使って現地の様子がよくわかります。

筆者は、物件を案内する前に、可能であれば1度事務所に来てもらい、物件を見る前にそれぞれのよいところと悪いところをお話して、各物件の見どころみたいなところを簡単にお話するようにしているのですが、よくその中でお客様から「この物件はちょっと違う気するから、見学はやめとくわ」みたいなことを言われることがあります。

筆者は、別にその物件に何の思い入れもありませんが、条件に近いものは、とりあえずのお客様に実際に足を運んでいただき、現地の雰囲気を感じ、ご自分の目で見ていただきたいと思っています。

したがって、「せっかく内覧の手配をしましたので、ぜひ見に行きましょう」と誘います。その結果、内覧さえもしなくていいと思っていた物件で購入を決めるお客様が結構います。

繰り返しますが、その物件は別に筆者の一押し物件でも何でもありません。このことで伝えたいのは、いくらインターネットツールが便利になっても、現地に行かないとわからないこと、感じることができないことがたくさんあるということです。

天井の高さや部屋の形、眺望や風の抜け方等々、実際に物件を見る前に、ネットや紙面上で受ける印象と実際に物件を見て感じる印象は、本当にいい意味でも悪い意味でも大きく期待を裏切ることが多いのです。

先ほどとは反対に、物件を数件ご提案したのちに、「この物件、自分の条件にぴったり、パーフェクト！」などと現物を見る前からテンションが上がり、申込みや契約の段取りの話まで聞いてきたお客様が、意気揚々と実際に物件を見てみると、「あれ、ちょっと違うな…。やっぱりやめておきます」などと言うことも多々あります。

賃貸住宅などの場合、ネットに掲載されている間取りと内観写真だけ見て、空き予定の状態で契約を決めてしまうこともあると聞きますが、分譲マンションはそうはいきません。

少しでも条件に近い物件は、必ず自分で現地に足を運んで内覧してみましょう。

部屋の間取りについても、ポイントを押さえて見ることが大切です。

マンションの間取りには、次のような個性があります。

・通常間口（約６ｍ）の長方形型間取り
・ワイドスパン設計（間口や約８～９ｍ）の正方形型間取り
・中部屋
・角部屋
・アウトポール設計

通常間口の長方形型の間取り、これが一番多くあるオーソドックスな間取りでしょう。特徴としては、長方形の間取りになると、どうしても廊下が長くなることが多く、廊下が長いと玄関から入った感じはかっこよくなりますが、反面、廊下は通路になり何の用途にも使えないいわゆるデットスペースになることです。

それに反して、ワイドスパン設計の間取りは、別名キュービックプランとも呼ばれ、正方形で各居室も正方形に近くなるため、廊下部分も短くなり、各居室も長方形の部屋より広く感じられ、使い勝手もよいと思います。

中部屋の場合は、採光の取れるベランダにリビングを合わせた３つの部屋が面することになりますので、日当たり、通風がよくなります。

中部屋と角部屋の場合は、一般的に角部屋が人気ですが、好んで中部屋に住む方もおられます。

理由は、断熱性の面で冬は温かく、夏は涼しい（エアコンをつけると）し、窓がないので家具の配置や絵画なども掛けやすいなどといわれる方もおられます。

本当に一長一短です。

次に、アウトポール設計です。

ここでいうポールというのは、柱のことで、マンション建設ではラーメン構造（在来工法）という工法で建設されるのが一般的で、柱と梁（柱と柱の間にある横木）で強度を持たせる構造になっているため専有部分の四隅に柱が出てしまいます。

それを廊下とベランダに柱を出し、各居室にあるはずの柱をなくすことで、出っ張りがなくなり、家具の配置などにも便利で広くなります。

このような種類の間取りがあることも含めて、理想のリフォーム・リノベーションプランを前提に、物件探しをすることも大切になります。

5　できれば居住中物件を狙え!?

物件内覧のとき、お客様からよく言われることがあります。それは、居住中の物件についてです。物件内覧のご提案をして、物件資料をお客様の前に並べてみると、「居住中の物件は気を使ってしまってゆっくり内覧できなから、辞めておくわ」と……。

居住中の物件は、所有者である売主様がまだその物件に住んでいますから、特にお食事時や夕方などに物件内覧をお願いする場合、正直、気を遣うのは確かです。

しかし、一生の中で何度とない大きな買物です。遠慮はいらないと思います。したがって、筆者は、「居住中の物件こそぜひ内覧すべきです、内覧しましょう」とすすめることにしています。

お客様は、キョトンとした反応ですが、居住中ということは、実際にそこにお住まいで、不動産仲介会社よりもその物件のことについてよく知っている方に実際その物件のことについて直接お話を伺える絶好のチャンスです。

一方で、やはり売却したい気持ちが強く、質問しても嘘をつかれるのではということも言われますが、不動産仲介会社のあまりよくわかっていない担当者に適当な返答されるよりよっぽどよいですし、たとえ嘘をついていても言動や態度で読み解ける場合もあります。

空き家の物件で、室内を壁紙だけ張り替えて美装工事をしている場合もありますが、これもよいところと悪いところがあって、メリットは壁紙は張り替えられて新調されておりますので、見た目に綺麗です。

反面、デメリットは、もし結露などがひどくカビなどが発生している場合、壁紙などを張り替えられてしまいますと、その痕跡が消えてしまい、わからなくなってしまいます。

物件によっては、壁にクラック（ひび割れ）が出ている場合、壁紙を張り替える前に発見できるケースもありますが、張り替えられてしまうと、そこにふたをされている状態になってしまいますので、その他もろもろの不具合には住んでから事実を知ることになってしまいます。それでは遅いのです。

また、お客様の中にはこんな方もいらっしゃいます。

内覧のときに売主様（居住者様）と話が盛り上がり、「こんな素敵な方が住んでいた物件なら間違いないと思います。この物件を購入したいです」。もちろん、そのことだけで購入を決断したわけではないのですが、気に入った物件にさらに居住者とお話することで決断を後押しされる場合もあります。

もっとも、その反対もあり、こういう方が住んでいた物件には住みたくないと思う方もいらっしゃいます。

これらのことも含めて、居住中の物件の内覧は、紙面やネット上では知り得ない情報を知り得るチャンスですので、確かに気を遣う部分はありますが、臆せず見ていただきたいと思います。また、売主様は、物件を早く売却したいのですから、内覧希望者が物件内覧に来られることはウエルカムなので、気を使う必要はありません。

もし聞きにくいことなどがあれば、直接お客様が質問しなくても、事前に不動産仲介会社の担当者にお願いをしておいて聞いてもらえばいいのです。

上下、隣りの住民の方の様子、音の問題、引越しの理由、近くのスーパー、銀行、役所、小学校や中学校の様子、物件の管理や管理人さんの様子、部屋の不具合等々、是非気になることはどんどん居住者に聞いてみましょう。

6　購入申込みと正しい値引き交渉のコツ・ポイント

購入の決断

いよいよ諸条件が整い、または整いつつあり、「この物件でいいかな?」と思う瞬間がやってきます。

多くの不動産仲介会社の担当者は、ここぞとばかり言葉巧みに申込みを迫ってくると思いますが、申込みを決める前に、数点お客様の中で確認していただきたいことがあります。

①　その部屋、その立地で快適な生活が思い浮かぶか

抽象的なことかもしれませんが、意外と大切なことだと思います。

②　考えていた予算内に収まっているか

ちょっとオーバーしている場合、しっかりとオーバーをしている部分を埋めてくれる利点があるかも考えましょう。

③　流れや勢いに判断を任せてないか

当然のことながら、自分の条件を１００％満たしてくれる物件はなかなかありませんから、ある意味妥協する部分は必要です。

冷静さと大胆さが必要で、非常に難しい決断ですが、ぼんやりした条件で探すのではなく、しっかりと予算、立地、広さ、築年数、間取り等の条件を決めている方が決断はつきやすいので、少なくとも心の中で80～90％位合格点が出せる物件なら購入を決断してもいいのではないかと思います。

決して、担当者が口に出す「今しかないですよ」「こんな物件2度と出ない」などという言葉には惑わされないでください。物件探しの主導権も、最終的な決断をする権利も、すべて買主様にあるのです。再確認し忘れないでいただきたいと思います。

値引き交渉

さて、購入が決まれば、買主としての立場として、少しでも安く購入したい、誰でもそう思います。

そこで、価格交渉のコツ・ポイントですがが、はっきり言ってそのようなものは実際ありません。

なぜなら、買主様が直接売主様に会って交渉できるわけではなく、通常は買主様のご要望を買主様担当の不動産仲介会社担当者に伝え、そのご意思を直接売主様に伝えて交渉するのではなく、売主様担当の不動産仲介会社の担当者と交渉する形になるからです。

多少のテクニックはありますが、それは不動産仲介会社の担当者の経験とスキルに依存してしまいます。

よく見聞きするのは、欲をかきすぎて、買主様自身も交渉成立する可能性は低いが言ったもん勝ちみたいな勢いで非常識な価格交渉をする場合です。気持ちはすごくわかりますが、一旦立ち止まって、売主様の立場も考えて欲しいのです。

売主様も、自分の愛着ある物件を少しでも価値を認めてもらい、気に入ってくれた人にお譲りしたいと思うのが人情かと思います。

にもかかわらず、非常識な価格交渉をした結果、売主様の気分を害してしまい、交渉が決裂してしまい、折角の気に入った物件を購入することができなくなってしまうこともあります。

したがって、もし価格交渉をするときは、当然、希望金額もしっかり伝えて、ここまでなら妥協できるという値引き交渉価格と、もし全く価格交渉に応じてもらえないときにどうするかを、不動産仲介会社の担当者にしっかりと、駆け引きなしに伝えて、後は担当者を信じるということが、気に入った物件を購入することと値引き交渉を成立させる唯一のコツなのでないかと考えます。

第5章

いよいよ売買契約・工事請負契約
そして念願の物件引渡し

1　ホームインスペクション（住宅検査）のすすめ

ホームインスペクションという言葉をご存知でしょうか。当社では、すでに約3年前よりサービス導入していますが、不動産業界内ではまだまだ新しい言葉です。その意味は、住宅検査です。

中古の建物を購入する場合、買主様の心理とすれば、中古ということで構造や建築後の経過年数によって劣化などが心配な箇所が出てきます。

売主としても、売却し、取引した後で売り渡した建物に不良個所などが出てくると、保証や修復義務などが発生する可能性があって、もしそれがのちに問題化すると、非常に面倒なことになると思います。

そのためには、売買契約の前に、売主・買主双方で協力し、建物の現在の状態をしっかり把握し、補修や売却価格等で合理的に解決する材料として、インスペクション（住宅検査）を実施するのが合理的だと思います。

しかし、日本では、まだまだ住宅検査は一般的ではありません。不動産業界でも、知らない人もいるくらいです。

当社では、約3年前から買主様の安心のために、いち早くサービスをさせていただいていましたが、業界内ではまだまだ理解が少なく、売主様側の業者様に買主様の安心のためにインスペクションをさせて欲しいとお願いすると、「そんな面倒なことしないでほしい」「そんなこと決済してから自分でしてください」などという有様で、正直その状況は現在もあまり変わっていません。

しかし、最近になって、国土交通省は、中古住宅流通促進のため住宅検査を推進しており、中古物件を取引する際に住宅検査をするかどうかを売主および買主に確認する義務を不動産仲介会社に負わせる制度を、２０１８年度の施行を目指して動いています。

しかし、不動産先進国アメリカでは、売買契約を締結する前に売主・買主が協力してしっかり住宅検査を行い、互いに取引する建物の状態を確認した上で取引を行う仕組みになっています。

一方、日本では、最近になってやっと、アベノミクスの成長戦略の中で住宅流通やリフォーム産業の市場規模を倍増する計画があり、不動産業や建設業の管轄である国土交通省も不動産先進国アメリカを見習い、徐々にストック住宅（中古住宅）をより安心して取引ができるよう、いろいろな動きをしています。が、実態はまだまだです。

不動産業界では、有料無料を問わず、サービスの一部としてお客様に提供してる例はまだ少ないかもしれません。しかし、住宅検査を実施して合格基準を満たすと、既存住宅個人間売買瑕疵保険（有料）に加入でき、設備や建物構造上に瑕疵が見つかると保険が適用されて建物を補修することができる場合もあります。

したがって、知らないと余分なリスクを抱えることになりますので、中古マンション購入予定がある方は、ぜひインスペクション（住宅検査）を行うことをおすすめします。

2　売買契約書はしっかりチェック

「売買契約書はしっかりチェック」これだけ聞くと当たり前ではないかと思われるかもしれません。しかし、売買契約をする前の段階（物件探しや値引き交渉）に関しては力を注ぐ方が多いのですが、その後の売買契約書の内容や住宅ローンに関しては、担当してもらった不動産仲介会社におんぶにだっこみたいな方が結構多いです。

不動産の中でもマンションに関しては、建売住宅とは違い、ある程度社会的地位がある大手デベロッパーが売主で建設も大手ゼネコンが建設していますから、違法建築みたいなものはほぼなく、この辺りはあまりシビアにならなくてもいい部分があります。

中古マンションの場合は、売主も買主も一般の方になりますから、それぞれ利害が違います。したがって、どちらかに有利な契約内容になる可能性があります。

特に、売主と買主を1社の不動産仲介会社が仲介する「両手取引」の場合、買主にとって不利な契約条項になる可能性があります。そのため、特に注意が必要ですが、初めて不動産を購入する方は、当然、契約書のどこに注意をしてみるべきかわからないでしょう。

そこで、リフォーム・リノベーション工事を前提に中古マンションを購入する方に特に気をつけていただきたい契約条項がいくつかあります。その辺りを中心にご案内したいと思います。

重要事項説明書、売買契約書で把握しておくべき事項

売買契約に際しては、まず宅地建物取引業法で定められる重要事項説明書という書面を有資格者（宅地建物取引士）が読み上げ、買い主に説明することが義務づけられています。

その内容は、主に建物の概要、土地や建物に完成する建築基準法や都市計画法等の法令に関する記述、分譲マンションの場合は管理費、修繕積立金や管理規約についての記述、金銭やトラブルの備えに関する記載です。

宅地建物取引士が、これを買主に向けて対面により読み上げ、納得いただいてから売買契約の締結ということになります。

売買契約書は、先に読み上げてもらう重要事項説明書と重複している部分がありますが、各種特約事項等を含めた売買契約事項が記載されています。

初めて不動産を購入する人が、この重要事項説明書と売買契約書を宅地建物取引士に一語一句読み上げてもらっても、おそらくはその言葉の意味や危険性を理解することは困難だと思います。

当然、重要事項説明書と売買契約書を理解した上で、売買契約を締結すべきです。しかし、仕事で忙しい盛りの年代の方が、建築基準法、宅地建物取引業法について理解し、リスクヘッジすることは難しいのが実情でしょう。

そこで、ここだけは必ず知っておいてほしい、何も知らないで不動産仲介会社の言いなりにはならないでほしいという事項をピックアップして、次に説明させていただきたいと思います。

●重要事項説明書編●

・管理・使用に関する事項

ここには、そのマンションの管理規約や専用使用部分（バルコニー・駐車場・自転車置き場等）についての記述があります。

注意してほしいのは、そのマンションの管理規約についてです。

①　ペット飼育

最近、高まっているのは、ペットと一緒に暮らしたいというニーズです。

もともとマンションは、共同建物という性質上、ペット飼育を禁止しているところがほとんどです。しかし、平成15年前後から、ペットブームが社会化し、基本的にはペット飼育は認めないがペット飼育規約を遵守するという条件つきでペット飼育を許可する新築分譲マンションが出てきて、現在ではもれなくこの形が取られています。

そのため、それ以前のマンションについても、基本的にはペット飼育が管理規約で禁止されているものの、マンションの区分所有者の要望等を受け入れて、管理規約を変更し、条件つきでペット飼育を許可する物件が少しずつ増えています。

この辺りは、購入を検討する段階で、不動産仲介会社の担当者から大筋聞いているかもしれませんが、最終的に重要事項説明書や管理規約をご自分の目でしっかり確認することをおすすめします。

よくあるペット飼育条件としては、次のような事項です。

・ペット飼育は1匹のみ。
・ペット飼育は犬猫に限定し首のつけ根からしっぽのつけ根までが50センチ以内の大きさ。
・ペット飼育の際は必ず写真をエントランスの掲示板に張り出すことが必要。
・ペット飼育の際は管理組合が指定する期間に必ず予防接種を実施する。
・ペット飼育は一代限りとする。
・共用部分では必ず抱きかかえること。
・ペット飼育する場合、ペットクラブ費を管理費とは別に支払うこと。

契約後、実際に生活が始まってから規約を知って困惑するなどということもあります。したがって、中古マンションを購入してペットと一緒に暮らすことを計画している方などは、不動産仲介会社担当者の「大丈夫です。飼育できますよ」という言葉を鵜呑みにするのではなく、事前に確認しておくことをおすすめします。

② 改修工事

リフォーム・リノベーション工事等改修工事について記述されている場合があります。

工事をする際には、まず管理組合に工事内容を記した申請書や工事の工程表などを提出し、管理組合の了承、さらにマンションによっては隣住戸、上下住民の了解を得ないと工事ができないと定めている管理組合も存在します。

このような条件が設定されているところでは、管理組合等の了承を得るだけで約1か月時間を要する場合もあります。それだけで、着工が大幅に遅れ、計画に支障をきたすケースもあります。

また、その申請書についても、区分所有者の変更手続が完了してからしか受け付けないという管理組合さえあります。これだと着工がいっそう遅れることは、目に見えています。

この辺りもしっかりと事前に確認しておくことをおすすめします。

さらに、管理組合によっては、下階の住民と音の問題でトラブルにならないよう、床材の防音性能を考慮して、次のように床材を指定している場合があります。

・LL45等級以上の床材
・LL40等級以上の床材
・床材はフローリング不可、カーペットのみ

LL40・45等級というのは、消音等級のレベルを示しています。フローリングなどでいえば、数字が小さいほどフワフワしたクッション材がついており、消音効果は高くなります。しかし、柔らかいフローリング材は、高級感という意味では満足できないとか、お酒に酔っているような感覚で気持ちが悪いなどと感じる方もいらっしゃいます。

したがって、柔らかい消音フローリングは好まない、普通のフローリング材ではなく無垢フローリングを使用したい、などという希望があるときは、置床工法（二重床工法）という工法を用いる必要があります。

ちなみに、その工法は、床に直接フローリングを貼るのでなく、根太という木材で床を上げ、その上に普通のフローリングや無垢フローリングを貼り、自分好みの空間に仕上げる方法です。デメリットは、工事費は高くなる上、天井高が低くなる可能性があります。

この辺りを把握するためにも、しっかりと確認しておくことが必要です。

③　専用使用部分

区分所有法では、建物を専有部分と共用部分に分けています。占有部分は、区分所有者が対価を支払って購入した各部屋の内法で、それ以外の廊下やエントランスなどは共用部分になります。

注意してほしいのは、部屋の中でも玄関扉・窓枠・窓ガラス・バルコニーは共用部分に該当するということです。

また、壁のコンクリートも共用部分ですから、例えば勝手に釘を打ったり、穴をあけたりすることはできません。

つまり、リノベーション工事をしたとしても、窓枠や玄関扉については変更することはできませんから、その部分のみは古ぼけた感じが残ってしまうということです。

ところで、マンションは、在来工法（ラーメン工法）で建築されていて、壁式工法で建築されている物件の場合は、専有部分内でも構造体になっている壁があり、その壁は取り壊すことはできない構造になっています。

こうした場合は、間取り変更の際に支障をきたします。したがって、物件内覧の際、もし取り壊したい壁などある場合は、軽く叩いてみてコンクリートの壁だったら構造体の可能性が高いので注意していただきたいと思います。

いずれにしても、専用使用部分というのは、共用部分ですが専用使用権を付与されている部分なのです。

バルコニーやポーチ、アールコープなどと呼ばれている部分は、無償ですが専用使用権を付与れている部分です。

一方、駐車場や駐輪場・バイク置き場・ルーフバルコニー・専用庭などは、対価を管理組合に支払って専用使用権を付与された部分です。

重要事項説明書には、その料金や空き状況を調べる窓口などの記述があります。車や自転車がないと生活利便が悪いなど、必要性に応じてその駐車場のサイズや自転車・バイクなどの台数なども注意深く確認してみましょう。

・管理に関する事項

管理に関する事項には、マンションの管理状況について書かれており、マンションを管理する管理会社や管理費の額、管理人の勤務時間や問合せ窓口が記述されています。

稀に管理費が、物件購入検討時より上がっているとか、近日中に上がる予定などという場合もありますので、その辺りも注意深く見るべきでしょう。

・修繕積立金等に関する事項

ここには、マンション維持管理に重要な修繕積立金について記述されています。月々の修繕積立金の額はもちろん、すでに積み立てられている額も記されています。

前述しましたが、直近で毎月徴収される修繕積立金額が変更される予定がないか、物件によっては毎月の修繕積立金だけではなく建物の大規模修繕時に一時金として数十万円から百万円単位で修繕金を支払うことになってしまう場合もありますので注意が必要です。

すでに積み立てられている額についても、15～20年周期で外壁や配管等の大規模修繕をする必要がありますから、重要事項説明書の建物の維持管理の記録という箇所の内容も含めて、自分がその管理組合の一員になることを見据え、現在の状態をしっかりと知っておくことが大切ですので、ここも注意していただきたい点です。

・代金・交換差金以外に関する事項

物件代金以外に支払う主に諸費用について記されている事項です。

購入検討時には、不動産仲介会社から概算の諸費用の見積りを受けていると思いますが、その額と大きな違いがないか確認します。

なお、ここには書かれていないと思いますが、不動産取得税が所有権移転後数か月したら課税される場合がありますので、注意が必要です。

・契約の解除に関する事項

売主・買主が契約を解除した場合の取り決めが記されています。

① 手付解除について

まず、売買契約時に売主に支払う手付金についてです。

手付金イコール頭金だと勘違いされる方がおられます。実質、売買代金の一部という性質もありますが、基本的には契約の相手方に契約の履行を保証する証として支払う金銭です。したがって、形式上は、売買契約実行時に売主から返還されることになります。

もっとも、ほとんどは売買契約書の条文で「手付金は売買代金の一部に充当する」と明記される場合が多いようです。しかし、頭金ゼロで購入する場合、手付金は売主より返還されます。

売買契約が、宅地建物業者間ではなく、売主・買主ともに一般の方同士の場合は、手付解除日を設定し、その日が到来するまでであれば、それぞれの都合で締結した売買契約を解除したい場合、買主は売主に支払った手付金を放棄し、売主は買主から受領した手付金を返還することにより、売買契約を白紙撤回することができます。この方法で解約した場合、売主・買主それぞれは、相手方に損害賠償を請求することはできません。

ここで注意したいのが手付金の額と手付解除日です。

通常、手付金の相場は、売買代金の5％から10％ですが、手付金が少なかったり多すぎたりしても一長一短あります。

手付金が少ない場合、買主の立場から見ると、万が一何らかの事情で売買契約を解約したいとき、放棄しなければならない手付金の額が少なければ負担は少ないですが、もし売主から売買契約の解除を申し出てこられた場合、売主の負担は比較的少ないことになります。この辺りは、不動産仲介会社の担当者に意向を伝え、先方に手付金の額を交渉してもらいましょう。

手付解除日については、短すぎても長すぎても一長一短があります。言われるままに決めてしまうのではなく、担当者と話し合って先方に交渉してもらいましょう。

もし、手付解除日を越えて売主・買主双方が自己の都合で売買契約を解除する場合は、手付解除では済まなくなり、後述する契約違反による解約となってしまいます。

売主が宅地建物取引業者、つまり不動産会社の場合は、宅地建物取引業法により、素人である買主を保護するため、手付金の額については物件代金の20％までの額と決められており、手付解除日についても、手付解除日を設定するのではなく、買主・売主それぞれが契約の履行に着手するまでは手付解除をすることができるように定められています。

契約の履行の着手という言い回しは、民法独特な言い回しで、明確な線引きはありませんが、裁判の判例などを見ると、買主・売主それぞれが登記の準備をしたり、手付金とは別に残代金の支払いがあったりと、決済や引渡しに向けて何らかの準備をするまでは手付解除を実行することができるとされています。実務的には、決済ぎりぎりまで手付解約ができることになります。

・契約違反による解除

契約した相手方が、自分の義務を果たさず、売買契約の履行に支障が出る場合の契約解除について定められている項目です。

例えば、買主が決済日が到来しているに住宅ローンや登記移転を行動に移さないとか、買主が決済に向けて住宅ローン登記の準備をしているにもかかわらず売主は登記移転などの準備をしないなど、相手方が自己の義務を果たず売買契約の履行に支障が出る場合が想定されます。

この場合、まず、売主・買主は、互いに相当の期限を定めて催告（先方にいついつまで履行されていない義務を果たすように伝える）します。それでも相手方が義務を履行しないときは、売買契約を解除し、売買契約書に記載されている「損害賠償の予定又は違約金に関する事項」で定められている違約金を先方に請求することができます、

実務の中では、違約金の額は、手付金と同額、売買代金の10％相当額、あるいは20％相当額のいずれかになる場合が多いようです。

額については、売主側の不動産会社や担当者の言いなりではなく、相談の上しっかりと決めましょう。

・融資利用の特約による解除

売買契約締結前に事前審査で承認を得ていた住宅ローンの本申込審査が否決または予定していた金額が減額されたため購入できなくなった場合、買主はそれを理由に売買契約を白紙撤回し、売主に支払った手付金についても全額返金してもらうことができるということとその期日を定めた事項です。

リフォーム・リノベーション工事を前提に中古マンションを購入する場合、その工事代金も住宅

ローン融資を利用するケースでは、この項目が一番大事といっても過言ではありません。

というのは、リフォーム・リノベーション工事代金を住宅ローン融資で賄う場合、多くの金融機関が住宅ローン本申込み時に、リフォーム・リノベーション工事の請負契約書の写しの添付と詳細な見積書の添付を求めてくるからです。

買主は、この特約でリスクヘッジできる代わりに、実行できる期日を設定されてしまいます。すなわち、この期日を超えてしまうと、たとえ住宅ローン本申込みが否決もしくは減額されたとしても、それを理由に本特約の履行を主張することはできず、代わりの融資先など残代金を支払うことができない事態になれば、契約違反による解除という形なり、違約金を支払わなければならなくなります。

買主は、リフォーム・リノベーション工事を前提に中古マンションを購入する場合、理想の空間を再現するため、プランナーとの打合せ時間をできる限り長く取りたい思います。

それとは反対に売主は、契約が終われば、少しでも早く契約を履行させ、決済したいと思うのが通常です。

通常、リフォーム・リノベーション工事を伴わない売買契約の場合、ローン特約の期日は売買契約締結後2週間から長くても1か月程度となりますが、買い主としては、この期間を少なくても1か月、理想は2か月ほしいところです。

もっとも、売主である相手があっての話ですから、要望ばかり通すわけには行きませんが、不動産仲介会社担当者に意図を伝え、ローン特約の期日までの期間をできるだけ長く取ってもらう交渉をお願いすべきです。

実務でよくある話ですが、値引き交渉の後に、後出しみたいな形でローン特約の期日の件を相手に交渉すると、売主側としては売買価格の値引き交渉に応じたのだからローン特約の期日はそんなに長く取れない、なぜ買主側の都合ばかり聞かないといけないのかというようなことになりかねません。

したがって、できれば価格交渉と同時にローン特約の期日の交渉もし、価格に関してはある程度交渉の中で折り合いをつけるというような妥協点を見出したほうが、しっかり打合せ時間が取れ、リフォーム・リノベーション工事を前提にした購入目的を達成することができるかもしれません。

特に、中古マンションを購入する不動産仲介会社とリフォーム・リノベーション工事を頼む工事会社が別の場合、不動産仲介会社はそこまで配慮することができないことが多いので、買主である本人がしっかりとこの辺りを理解し、不動産仲介会社に交渉をお願いすることを忘れてはいけません。

・金銭の斡旋に関する事項

重要事項説明書の中にある「金銭の斡旋に関する事項」というところには、住宅ローン事前審査が承認になって本売買契約を実行する際、利用を予定する住宅ローンの金融機関や金額等の条件が記されている部分があります。

ここには、中古マンション本体に利用する融資の条件や借入金額の記入だけでなく、リフォーム・リノベーション工事に充当する住宅ローン金額や条件を記入することを忘れてはいけません。

なぜかというと、住宅ローン本申込みの段階で本体の住宅ローンが承認され、リフォーム・リノベーション工事代に充当する住宅ローンだけ減額や否決になる可能性がゼロではありません。したがって、ここに利用予定のリフォーム・リノベーション工事代金に充当する住宅ローン融資の金額や条件を記載してもらい、しっかりと自分のリスクを回避できるようにしなければならないのです。

・瑕疵担保責任に関する事項

まず、「瑕疵」という言葉ですが、日常生活ではあまり聞きなれないと思いますが、民法上の独特の表現で、簡単にいうと欠点や欠陥のことです。

瑕疵担保責任というのは、売主が、契約時にはわからなかった物件の隠れた瑕疵を担保する責任のことをいいます。もっとわかりやすくいえば、新築でいう保証です。

中古マンションの取引についても、一応、売主が負ってくれますが、新築のように手厚い保証ではありません。

主な保証（瑕疵担保責任）の範囲は、次の３つに限定され、保証期間も３か月程度が通常です。

・主要構造上大切な部分（専有部分の柱や壁）
・雨水侵入を防止する部分（雨漏り等）
・配管（水道管等）

キッチンやユニットバスに関しては、売買契約締結時に重要事項説明書の添付書類として物件状況報告書という書類があり、各住宅設備機器（キッチン、ユニットバス等）が正常に使えるか、不良があるかを売主が申告する書類があり、正常に使用できると申告しているにもかかわらず引渡し後7日以内に何らか不良が見つかった場合、売主は自己の負担で補修の範囲で不良を修理しなければなりません。

実際、給湯器やキッチン等の水回りの水漏れはよくあることで、特に空き家状態である期間が経過している物件を購入する場合は、売主自身も今現在各住宅設備機器が正常に動くか把握しきれない部分がありますので注意が必要です。

しかし、リフォーム・リノベーション工事を前提に中古マンションを購入する場合、前述した主な保証範囲はあまり心配する必要がない箇所であり、各住宅設備機器に関してもキッチンやユニットバスなどは新調されるケースが多く、保証してもらう意味はあまりないでしょう。

ということは、購入時の価格交渉やローン特約の期日交渉する際、こちら側の妥協点として瑕疵担保責任は免除してもらっていいので売買価格の譲歩とローン特約期日にポイントを絞ったほうが得策だと考えます。

売主にとっては、保証は想定外にお金がかかるかもしれないという心理的負担が大きいものです。また、筆者は、瑕疵担保責任免除を条件に、売買価格の値下げ交渉とローン特約期日交渉をすることにより、よい結果を引き出せた経験が多々あります。

少しでも良い条件で売買契約を締結しようという場合は、これらの点もしっかり押さえてほしいと思います。

・その他の事項

重要事項説明書の最後にあるその他の事項ですが、個別の売買契約や価格交渉の中で売主と買主で決められた決め事など、いろいろなことが書かれていますので、この辺りもしっかりと目を通しておくことが大切です。

また、重要事項説明書の付属書類として物件状況報告書という書類があり、各住宅設備機器・各種建具（扉・ドア等）が使用可能な状態か、故障している状態かが記されていますから、物件内覧の段階で後にトラブルにならないようにしっかりとチェックしておき、どう対処するかを確認しておきましょう。

さらに、物件の中にある残留物（エアコン・証明・カーテン等）もおいておくのか、撤去してもらうのかをしっかり確認することが大切です。

ちなみに、特にエアコンなどは、売主の好意でおいてもらってもよいのですが、そのエアコンが故障している場合は、残置物扱いになり、修理してもらうことはできませんので、古かったり、きちんと動作するか不安なものに関してはなるべく撤去してもらうほうが得策かもしれません。

・添付書類

重要事項説明書の添付書類には、購入する中古マンションの管理会社が管理している物件の管理状態についてまとめた「重要事項調査報告書」があります。

この書類には、重要事項説明書には記載されていない重要な事項が書かれている場合もありますので、しっかりと目を通し、不安やよくわからない箇所があれば説明してもらうことをおすすめします。

マンションの管理規約集も、重要事項説明書の添付書類です。こちらは、売主がその物件を購入した当時のものをもらうのではなく、できれば管理会社から最新版の写しをもらうか、管理組合例会などの議事録なども一緒にもらうようにすれば、より詳しい物件の情報を得られる場合があります。売買契約の前に、担当者に先方に伝えてもらい、入手するようようにしましょう。

ただし、議事録に関しては、売主が保存していない場合や管理会社によってはもらえないケースも多々ありますので確認が必要です。

●売買契約書編●

売買契約書に記載されていることは、ほとんど重要事項説明書に書かれており、重複していますが、売買契約書にしか記載されていない事項のうち、特に注意が必要な項目をピックアップして説明します。

・引渡し時期

まず、決済日と引渡し日は違うことを理解しましょう。

売買契約締結当時、物件が空き室の場合は、決済と同時に物件の引渡し（明渡し）を受けることが多いですが、居住中の場合は、引っ越しなどの都合で決済後10日〜2週間程度しの猶予が条件となる場合もあり、決済後すぐに工事を着工するまたはしたい場合はしっかりと引渡し日を契約書で確認しておくことが大切です。

その場合、固定資産税・都市計画税、管理費・修繕積立金等の精算も、決済日ではなく引渡し日を期日に日割り計算をしてもらわないと、わずかな金額かもしれませんが損をしてしまいます。引渡し日の猶予がある場合は、日割り計算の仕方の記載も確認しましょう。

・公租公課の分担

公租公課というのは、主として固定資産税・都市計画税・管理費・修繕積立金等・水道代ですが、引渡し日をもってどのように精算するかが明記されています。

多くの場合は日割り計算になりますが、固定資産税・都市計画税に関しては、関西と関東で起算日が違い、関西では4月1日、関東では1月1日になり、どちらの場合でも毎年1月1日現在の所有者に支払義務が生じます。

関西の場合、少しややこしいのが、1月1日〜3月31日に所有権移転をする場合です。例えば、2月1日に所有権移転をする場合、2月1日〜3月31日までの固定資産税・都市計画税を買主負担で請求するのはもちろん、その年の1月1日の所有者は売主なので、所有権がすでに移っていても、翌年度4月1日〜3月31日の固定資産税・都市計画税は買主（新所有者）ではなく売主（旧所有者）

に請求されることになり、代金決済時に翌年度の固定資産税・都市計画税も現金で精算してしまい、その清算金をもって売主が翌年度の固定資産税・都市計画税を支払うことになります。

ちなみに、2月1日の段階では、新しい固定資産税・都市計画税の額も確定していませんので、実務ではその年の固定資産税・都市計画税と同額で精算することが多いです。

3　リノベーション工事請負契約と住宅ローン本申込み、金銭消費貸借契約

リフォーム・リノベーション工事

理想のリフォーム・リノベーション工事を実現するには、実際の部屋を見たうえで浮かぶインスピレーション等を踏まえ、工事担当者との入念な打合せが非常に大切になってきます。

想いを伝えるについては、口頭ではなかなか伝え切れないこともあるかと思います。そのため、相手の担当者には、理想の雰囲気やテイストに近い雑誌の切抜きやWEBページを印刷したりして可視化したものを渡すなどの努力が必要となります。

もちろん、担当者に、家族の些細な趣味趣向、好きな色、好きな食べ物、好きな映画、休日の過ごし方など、自分がこうしたいと思っていることを伝えることも大切ですが、客観的に知ってもらって良質なコミュニケーションを取ることにより、よいアイデアを出してもらい、リフォーム・リノ

ベーション工事を楽しむ姿勢を示すことで、相手の士気も上がるはずです。そのためにも、担当者も巻き込んで、プランニングを楽しんでもらいたいと思います。

打合せ回数は、工事の規模やプランによると思いますが、２回くらいで決まる方もおられれば、10回くらい打ち合わせるケースもあります。

実際のところ、リフォーム・リノベーション工事は、住宅ローン融資を利用する場合はもともとあまり時間的余裕がありませんし、自己資金でリフォーム・リノベーション工事をされる場合でも、できるだけ短期間に打合せ機会を詰めて臨んだほうが比較的スムーズに、そしてより理想に近いプランニングができるように思います。

時間があると、ダラダラいろいろと考えすぎて纏まらなかったり、方向性を見失うケースも見受けられ、次第に疲労感を持つお客様さえもおられます。

しっかりプランニングも楽しみすぎた結果、予算オーバーということもままあります。

金銭消費貸借契約締結

いずれにしても、優先すべきことと妥協すべきことを取捨選択し、予算も収まれば、今度は工事請負契約を締結し、工事請負契約書の写しと見積書を添付して住宅ローン本申込みの手続に入り、数日後には金融機関との間で金銭消費貸借契約を締結することになります。

金銭消費貸借契約は、金融機関によっても違いはありますが、大抵の場合は金融機関の窓口が営業している平日の昼間、窓口に出向いて手続をする必要があります。

所要時間は2時間前後です。銀行は、住宅ローン、特に変動金利などの性質をしっかり理解してもらってから金銭消費貸借契約を締結することを金融庁から指導されていますので、時間をかけてしっかり説明をしてくれるわけです。

しかし、金銭消費貸借契約を締結すると約1週間後には決済を迎えるいわば土壇場で変動金利のメリット・デメリットを聞かされたとしても、それがよいのか悪いのか判断することは困難だと思います。したがって、金銭消費貸借契約時には、住宅ローンについて事前にしっかり理解し、説明の段階では確認をするだけくらいに準備をしておくべきでしょう。

そして、金融機関によって違いますが、3営業日～5営業日前後経過すると、いよいよ不動産取引のご決済を迎えることになります。

4　売買契約決済の金の流れ、リノベーション工事着工の流れ

売買契約決済の金の流れ

不動産取引決済当日を迎えても、取引の流れを知らなければ、手慣れた不動産仲介会社の担当者が淡々と作業をこなし、お金が右から左に動くだけで、よくわからないままあっという間に終わっ

てしまいます。一生に何度もない大きな買物のご決済です、しっかりと金銭の流れを知った上で、当日を迎えましょう。

実務の流れでいえば、買主と買主の不動産仲介会社とその司法書士、そして売主と売主の不動産仲介会社とその司法書士、最大で6者が決済に立ち会うことになります。場所は、買主の取引金融機関です。

まず、登場人物が揃うと、各司法書士が登記移転のために必要な書類を買主と売主から預かり、書類の確認を行い、買主・売主に登記に必要な書類に署名捺印を求めます。

そして、所有権移転登記、抵当権設定登記（住宅ローンを利用する場合）に必要な手続が終わると、現金取引（キャッシュで購入）する場合は買主が売主の口座へ残代金を振り込み、住宅ローンを利用する場合は司法書士が無事実行できることを確認し、それを確認した不動産仲介会社または司法書士が金融機関に融資の実行をお願いします。

この住宅ローン実行が意外に時間がかかります。早い金融機関でも30分、月末等の繁忙時期は2時間以上かかる場合もあます。そのため、当日仕事を抜けて決済の場に臨むときは、このことも踏まえて時間調整することをおすすめします。

待っている間に、残代金の振込伝票、各諸費用（登記費用、仲介手数料等）の現金出金伝票への記入・捺印を行い、金融機関担当者に提出します。また、購入する中古マンション管理組合に対して提出する区分所有者変更用紙やリフォーム・リノベーション工事の工事申請書、管理費の引落としの手続をします。

それでも時間が余ることがままあります。その時間を利用して、マンションについて、近隣の生活利便について売主に直接ヒアリングしてみるのもよいでしょう。それに向けて前日までに質問事項をまとめておくと効率的です。

リフォーム・リノベーション工事

リフォーム・リノベーション工事については、この場で記入した工事申請書を組合に提出し、管理組合の承認が得られれば無事着工となります（管理組合によっては事前に提出できる場合もあります）。

5　工事現場と各メーカーのショールームは必ず見に行く

リフォーム・リノベーション工事の期間は、大がかりなものなら実働2か月くらいかかることもあります。この間も黙って過ごすのではなく、楽しみながら行動すべきことがあります。

まずはフローリングや建具、各種住宅設備機器の色を決めるため、各メーカーのショールームへは必ず行ってください。

工事会社から提案されるカタログや色見本、最近は便利なＷＥＢカタログなどで色味は確認できますが、５センチ四方で見る色と実際の大きさでは印象が全然違います。手触りも大切です。壁紙などは、手で触るとぽろぽろと落ちやすい種類などもあるので、ショールームの係員に聞いてみるのも参考になります。

工事現場は、工程によっては危険なので、行かないほうがよい場合もありますが、現場ではいろいろなことが起こり、プランナーが図面上で気づけなかった様々な取り合いも出てきたり、施主である買主とプランナーの思いがちょっと違ったりするので、任せて出来上がりを楽しみにするというのもよいのですが、工程を確認しながら足を運んでみてもいいかもしれません。

もっとも、工事現場に行く場合は、配慮も必要です。

まず、施主が行って現場で打合せをしようとすれば、大工さんや各職人さんの作業が止まってしまう場合もあります。そのため、大工さんや職人さんの立場からは手放しで歓迎できないようです。

現場では、職人さんに媚びを売る必要はないですが、自分たちがこれから過ごす理想空間をまさに再現してくれる人たちです。当たり前のことですが、相手は生身の人間です。

したがって、飲み物の差入れや感謝の言葉の一声をしても損にはならないと思います。

6　家を購入したら国からボーナス？

新しいマイホームに入居してうれしいところへ、「家を購入したら国からお金がもらえる」という耳寄りなお話です。実は、「住宅ローン控除」と「住まい給付金」のことです。
もっとも、行政が行う助成金は、要件をクリアした上で、手続をしなければもらえません。

住宅ローン控除

国が持ち家の購入を促進するため、基準に適合した住宅を購入すると、住宅ローンを組んだ債務者の所得税と住民税が10年間軽減されるという制度です。

国が定めた基準の建物というのは、細かな要件は国税庁のホームページか最寄りの税務署に確認していただくとして、大まかには次のようになっています。

・登記簿記載の建物延べ床面積が50平米以上。
・取得の日以前25年以内に建築された建物。
・住宅ローン支払期間が10年以上あること。

「登記簿記載の建物延べ床面積が50平米以上」についてですが、マンションの広さを表す方法としては内法計算と壁心計算があります。

不動産会社がチラシやパンフレットで載せている専有面積というのは、この壁心計算に該当します。四方の壁の中心から計った面積になります。

内法計算は、壁の表面から計った面積です。登記簿面積は、この面積になります。つまり、壁の厚さの分だけ、専有面積のほうが狭くなる勘定です。

住宅ローン控除の要件である〝登記簿記載の建物延べ床面積が50平米以上〟は、内法計算の平米数のことですから、販売用のパンフレットやチラシの〝専有面積が50平米〟を見て、住宅ローン控除を受けることができると思っていたら実際の登記簿面積は50平米に満たず、制度を受けることができないなどということもあり得ます。この辺りもしっかり確認することが必要になってきます。

次の「取得の日以前25年以内に建築された建物」という要件ですが、実は築後25年を超えていても住宅ローン控除を受けられる場合があります。それは、次の条件を備えていることです。

・耐震基準証明書取得物件
・住宅性能評価書の耐震等級が基準以上の物件
・既存住宅瑕疵担保責任保険の契約が締結されている物件

耐震基準証明書取得物件については、主に建物が新耐震基準（昭和56年6月以降に建築確認を受けて建築されている物件）の物件であれば、証明書を取れる可能性があるので、新耐震基準である場合は必ず建築士に依頼して検査をするべきです。

検査費用や証明書発行費用は、買主の負担になりますが、これを取得することによって住宅ローン控除や不動産を購入する場合の登録免許税、不動産を取得すると課税される不動産取得税も軽減される可能性があるので、その費用を負担しても十分メリットが出ます。

住宅性能評価書の耐震等級が基準以上の物件ということについては、築25年を超えているもので新たに住宅性能評価書を取得している物件は皆無だと思います。

既存住宅瑕疵担保責任保険の契約が締結されている物件に関しては、売主が決められた一定のインスペクション（住宅検査）をして問題なければ売主の負担で保険に入っている場合に該当しますので、この保険に加入しているかを確認する必要があります。

もっとも、まだ目新しい保険制度なので、あまり目にすることはないかもしれません。

住まい給付金

住まい給付金は、消費税引上げによる住宅取得者の負担を軽減するために創設された制度です。

物件に消費税が課税されているということは、売主が宅地建物取引業者、つまり不動産会社である場合ということになります。

その他にも要件がいくつかありますが、一番大きな要件としては、前述の既存住宅瑕疵保険に加入していることとなっていますので、こちらもよく確認することが肝要です。

どちらの制度も時限立法で、基本的に期限がくればなくなる制度です。

さらには、申告制ですので、すべての要件が揃っていても、手順を踏んで自己申告しないと利用することができません。

しっかりと制度を押さえておくことも、賢く中古マンションを購入する1つの要件です。利用できるお得な制度があっても、国やその他自治体、不動産仲介会社が自動で手続をしてくれるわけではないので、この辺りもしっかり押さえておきましょう

第6章　先輩たちのインタビュー

先輩たちのインタビュー①　30代ご夫婦・Y様

Y様ご夫婦は、弊社主催のセミナーにご参加いただき、後日、弊社の担当者の初回面談を受けていただき、中古マンション探しとリフォーム工事をさせていただいたお客様です。

とても仲がよいご夫婦で、食べることが好きなことを理由に、グルメには堪らない便利な立地の物件をご購入いただき、リフォームで理想の空間もご提案させていただくことにより、「家に帰るのが楽しみになった」と嬉しいお言葉をちょうだいすることができたお客様です。
※当日は、奥様がお仕事だったため、ご主人様だけのインタビューになりました。

林　「家探しのきかっけは？」
Y様「結婚してしばらく賃貸だったんですけど、いろいろと荷物が増えてきて、片づかなくなってきて何となく…」
林　「そのときの家賃はいくらだったんですか」
Y様「大阪市内だったんで9万円弱しましたね」
林　「賃貸の期間は長かったんですか」
Y様「2回引っ越したんですが、2回目の引っ越しのときは5、6年住んでたんです」

林　「なるほど。家探しって結構エネルギー使いますもんね。それから3年経ってまたふつふつと家探しのエネルギーが沸いてきたわけですね」（笑）

Y様　「そうなんです。そして、あるポータルサイトを見ていたときに、よさげな物件があって、問合せをしたのがイーナリンクさんでした。でも、その物件は、タッチの差でなくなってしまったんですね。それで何軒か他の不動産仲介会社も回ってはみたんですけど…」

林　「ではその中でなぜ弊社を選んでいただけたんでしょう?」

Y様　「一番よかったのは、御社が開催していたセミナーがあったじゃないですか。あれが一番よかったですね」

林　「ありがとうございます。もちろん、住宅購入のためのセミナーを受けられたのは、初めてだったと思うんですが、セミナーを受けていかがでしたでしょうか」

Y様　「私自身は理系なんで、住宅ローンの仕組みは何となく知っていたんですが、結局、私が理解していても、妻が理解していないし、私から説明しても〝また難しいこと言いよって〟なんてことになるので、それを第三者がわかりやすく説明してくれたのは私たちにとってすごくよくて、どっちか1人がわかってたらいいというものでもないんです。例えば、3，000万円の物件を購入すると、結局、総支払額は2倍くらいになるかもしれないということですし、妻にも理解してもらえたので、本当に参加せてもらってよかったです」

林　「ありがとうございます。そうなんですよね。購入するときの値引き攻防戦にはかなり情熱を使う人がいるんですが、住宅ローンは不動産仲介会社のすすめられたままにという方がたくさんいますからね。支払いの方法次第で数百万円の総支払額の差が出るかもしれないのに…」

Y様　「そうだと思いました。それと、セミナーで、物件探しだけじゃなくて、リフォームも一緒にワンストップで提案しますよって言われたことに、新築マンションという選択肢が薄れていきました」

林　「もともと新築も考えていらっしゃったんですか」

Y様　「いやー、結局なかったですね。高いですもん」

林　「セミナーにご参加いただいて、個別相談会に進んでいただいたと思うんですが、個別相談会は受けてみていかがでしたでしょうか」

Y様　「個別相談会では、もっと詳しく住宅ローンのことを聞けたということと、イーナリンクさんに伺って一番よかったのは、オフィスの中にあるリフォームモデルルームを実際に体感できたことですね！。今まで見てきた中古マンションがこれになるんならすごくいいなって、体感できたことが、より具体的に中古マンションリフォームを検討できるきっかけになり、もう新築イランやんってなっちゃいました」（笑）

林　「そうなんです！　このリフォームモデルルームをつくるときに、同業者の友人に相談したんですが、見事にみんなに反対されました。お金の無駄や、意味ないと（笑）。でも、私はどうしても新築では味わえないリフォームを楽しんで欲しかったのと、チラシやパソコンの画面だけでは伝わらない臨場感を味わってほしかったんです、モデルルームのリフォームがよいとか悪いではなく、いくつか見学して、部屋によってはすごく経年変化によって傷んでいるお部屋内がリフォームをすればこのくらい素敵な、自分好みの空間をつくることができるんだって、感じてほしかったんです」

Y様「そうなんです。モデルルームを見て、お風呂とか、洗面、キッチン、トイレなど、お部屋を自分の好みにこだわって再現できるんだって、モデルルームを見て思うことができました」

林「いやー。そこまで言っていただいて、本当に嬉しいです！　あと、個別相談会を受けていただいて、これは私もびっくりしたんですが、何と1回目の物件案内でお決めいただいたんですが、おそらく物件案内前は3年前の燃え尽き症候群みたいなご経験もある中で、少なくても3回くらいは物件案内を受けないといけないなと思っておられたでしょうし、もちろん、私どもも思っていたので、びっくりしました（笑）。なぜそういう結果になったと思いますか」

Y様「そうですね。やっぱり、過去にいくつか不動産仲介会社も回りましたし、物件も15件くらいは内覧したと思うので、自分の中で判断基準ができていたことが大きかったかもしれません」

林「なるほど。数を見るということも大切ですが、これはよくある話なんですが、内覧する前に、物件提案の段階でお客様が〝この物件最高やん、申し込もうかな〟までテンション上がってたのが、実際、物件を見てみると〝これはないわ〟って結末もあります。反対に、〝この物件は条件合わないから見学もいいわ〟とまで言ってた物件を実際に見ると〝えっ、これいいやん、これにしますǃ〟というケースがあるんですよね」
Y様　「あっ、それ僕です」（笑）
林　「そうなんです！　本当にこういうことが日常茶飯事にあるので、おっしゃるように興味がある物件は、ぜひ自分の足と目で惜しみなく物件を見ていただき、自分なりの判断基準をつくっていっていただきたいですね。僕たちも、営業マンというスタンスではなく、家探し以外でもよいところ、悪いところどちらも棚卸して、一緒に考えるというスタンスを取っています、だっていい悪いは私どもが決めることではなく、購入するお客様の価値観・タイミングで決めることだと思っていますので…」
Y様　「そうですよ。そんな形で営業されたら恨んじゃいますよ」（笑）
林　「ところで、今回リフォームをしていただいたのですが、探し出す前からこんなリフォームをしたいとか、理想とか、計画ってあったんですか」
Y様　「いやー、実は全くなかったのです（笑）。でも、具体的になったのは、やっぱりあのモデルルームを見せてもらったときです。もう、このとおりにしてって思っちゃいましたもん」（笑）
林　「実は、そうなんです。われわれは、特にすすめているわけではないんですが、弊社のリフォーム事例は、不思議とこのモデルルームとよく似たテイストになってしまっているんですよね…」
Y様　「そうなんですよ。本当に夢膨らみました」
林　「ありがとうございます！　また、今回、弊社の取組みである〝カラーリフォーム〟（弊社ホームホームページをご参照ください）というものを体験いただいたと思うんですが、実際いかがでしょうか」

Y様　「よかったと思いますね。どんな家にしたいかって、私たちは、家を購入するのも、リフォームをするのも初めてですし、バーっぽいのがいいとか、カントリー風がいいとか、勝手なことを言いますけど、いろいろと私たちの話を聞き出していただいて、アドバイスいただくことで、様々なことに気づかせてもらって、自分たちで方向性を出せたってことがとてもよかったです。あとは、壁紙です！　あれは個人では絶対選び切れないと思いました」

林　「そうですよね。メーカー数もありますし、無数にあるのと、壁紙の見本は約5センチ四方の大きさしかないので、これで選んじゃいますと、実際はちょっと違った感じになったりするんですよね」

Y様　「そうなんです。実は、施工前に色見本をいただいたんですが、正直よくわからなかったです」

林　「リフォーム中は、部屋の中を見に来たりしましたか」

Y様　「いえ、見に行っていません」

林　「それでは、リフォーム工事完成後、初めて自分のお部屋と対面できたときはどんな感想でしたか」

Y様　「色見本の段階であまり想像がつかなかったんですが、実際にお部屋と対面すると予想外に〝いいやん〟と正直そう思いました」（笑）

林　「いやー、本当にお喜びいただけて嬉しいです。それで、今回このようなご縁をいただいたんですが、弊社の物件探しではなく、リフォーム・リノベーション工事の提案施工までワンストップでサービスを行っているんですが、弊社のサービスを受けてみられていかがでしょうか」

Y様　「ものすごくよかったと思います」（重々しく）

林　「ホンマですか!?」（笑）

Y様　「不動産探しとリフォーム工事を別々にすると、不動産仲介会社も探して、リフォーム工事会社も探して、どちらも同じだけ歩幅を合わせて親身に対応してくれるかというと難しいと思いますし、実際、見学や見積りなどの日程を合わせて貰ったり、住宅ローンを組むときにもこれはこっち、あれかこっちみたいなことになり得ると思いますし、そういう意味では、そのようなストレスが全くなく、物件内覧にも、不動産担当者はもちろん、リフォーム担当者も同行してくれたので、その場でわからない疑問などが解決できて本当によかったと思います。最初から不動産仲介会社とリフォーム会社を別にしてたら、また途中で投げ出してたんじゃないかなって思います」（笑）

林　「本当にありがとうございます！　このように改めてお客様のお話をうかがうことができて、本当に嬉しく思います。そこで、最後に、これから中古マンションを購入してリフォーム・リノベーションする方に向け、先輩としてアドバイスがあれば一言お願いします！」（笑）

Y様　「一言。リフォームはしたほうがいいですよ！（笑）　やっぱり理想ってあるじゃないですか。

新築マンション買っても、新築の戸建てを買っても、すでに決められたものや出来上がったものを購入すると、何だか不安が残るんですよね。もっとキッチンはこうしたかった、お風呂はもっと大きくしたかったとか…。中古マンションを買って、リフォーム・リノベーションだと、その辺の不安は自分次第ですべて払拭できるのと、大きいのは立地が選べるということですね。今回購入できたこのマンションもそうですが、本当にそれに尽きますね」

林　「おっしゃるとおりです！　新築供給戸数って、絶頂期のときは全国で２００万戸前後あったんですが、年々減ってきて、今年なんかはおそらく70万戸前後になるんじゃないかって思うんですよね。不動産は、やっぱり立地というところが大きいので、新築供給が少ないと必然的に立地の選択肢が少なくなりますので、そういう意味では、中古マンションは、立地の選択肢は比較にならないですね。あと、新築は、基本的に青田売りといって、完成する前に完成予想図であるパンフレットを片手に現地を見て購入を決断しなければなりませんが、中古マンションの場合は、まさにその現物のお部屋を実際に見て、購入を検討できるのがよいところだと思います。また、新築ですと、壁紙1つ自由に変えることができませんが、中古マンションでは、これも自分次第である程度理想を再現できます。そういう意味では、すごく合理的な住まい探しの形だと思っています」

Y様　「そうなんです。私、もしイーナリンクさんに出会ってなかったら、まだ普通に家決めてないです（笑）。決めてないし、こんなに楽しい生活を過ごせていないと思います」

林　「そんな風に言っていただけると感謝しかありません！　これからも、何かあればお気軽にお声がけください。今後ともどうぞよろしくお願いいたします」

先輩たちのインタビュー②　30代ご夫婦&お子様1人・S様

当初は、新築分譲マンションや築浅の中古マンション、リフォーム済みの中古マンション等々、いろいろと検討。最後に選択されたのが、中古マンション＋リノベーション工事。そこに行き着くまでの心の道程をうかがうことができました。

林　「早速ですが、当社との出会いのきっかけを教えてください」
S様「きっかけですか……。ＷＥＢ検索ですね」
林　「ＷＥＢ検索するときは、どのようなキーワードで検索されたんですか」
S様「うーーん。実は、当時は、まだ具体的に家を購入する予定はなくて、あったらいいなってくらいで何となくＷＥＢ検索をしていました」
林　「その当時は、まだ賃貸住宅だったんですかね？」
S様「そうですね」
林　「そうなんですね。では、ゆくゆくは持ち家を持ちたいみたいな感じですかね？」

S様「そうですね。割と長期スパンで考えていました」

林「そんな中、最終的には当社とご縁があったのですが、ほかの不動産仲介会社にもお問合せやお付合いはあったのでしょうか」

S様「正直ありましたね。店舗型の不動産会社を何軒か回りました」

林「何軒くらいですか」

S様「3件くらいですかね。自宅にチラシが入っていた不動産会社とか、町中に立て看板がある不動産会社さんに、冷やかし半分で相談に行って、実際に物件の内覧も行かせてもらいました し、いろんな営業の方ともお会いしました」

林「そうですか。それでは、当社を含めて4社くらいにご相談されていたんですね。そんな中で、当社を選んでいただいた理由というは何でしょうか」

S様「基本的に、御社以外は、触りだけしか触っていないのでわからないのですが、御社は、毎日新着物件をメールでくれたので、それを見て自分で物件を探していました。もっと正直に言いますと、そのときは、別に御社にお世話になるつもりもまだありませんでした」（笑）

林「そうなんですね（笑）。今回は、中古マンション＋リノベーションという形でご縁があったのですが、それは最初から希望があったんでしょうか」

S様「いいえ！　初めはそんなつもりは全くありませんでした。新築分譲マンションのモデルルームも見に行きましたし、築浅の中古マンションも検討していました」

林　「戸建ても検討しておられたんですか」

S様　「いえ、戸建ては検討していませんでした。基本的には、自分たちの希望のエリアと予算の中で、マンションで検討していました。そんな中で、中古マンションを選んだ理由ですが、まず新築は価格が高い！　住むエリアを重視していたので、自分たちの希望するエリアでは新築は希望の予算とは少し違いました。何を選択肢に入れるかということを考えたときに、【価格と立地と広さ】を大切にして、それをベースに物件をチョイスしていきました。そして、担当の宮城さん（弊社担当者）に『S様、新築は買えませんよ』と言われましたので（怒られましたので）…（笑）。そんなわけで中古にしとこうかと…」

林　「なるほど（笑）。でも、ちょっとここから真面目な話なんですが、私は、新築でも中古でも戸建てでもいいんですが、家を購入する目的は、ただ綺麗な家に住むとかではなく、経済的にも精神的にも【豊かな生活】を得られることが本当の目的だと思うんです。年収や年齢等も含めて、難しいようでしたら、それははっきり予算を改めてもらう提案をさせていただいております。例えば、30歳の方と50歳の方がいらっしゃったとして、どちらも頭金ゼロだとします。条件さえ揃えば、どちらの場合でも約3，500万円の住宅ローンを融資してもらうことができるんです。でも、30歳の方は、1度も繰上げ返済をしないとして住み続けるのであれば、そんなに大きな問題にはならないかもしれません。しかし、50歳、つまり定年間近かで、しっかりとした返済計画がないと、老後生活が経済的に破たんしてしまうかもしれません。それでは、家を購入することが、本末転倒になってしまいます」
S様「いやー。宮城さんは、怒ってましたよ。そんなんでは買えませんよって！」（笑）
林「話は変わりますが、S様の選択肢として、新築分譲マンションや築浅の中古マンション、またはリフォーム済みの中古マンション等があったと思うんですが、ちょっと築年数が古い中古マンションを購入してリノベーションという選択肢に決定できた決め手は、あるのでしょうか」
S様「…。感覚なんですけど、正直どれでもよかったんですよ。それで、夫婦で話をしていく中で、新築マンションも見て、築浅の中古マンションも見て、リフォーム済みの中古マンションも見て、自分たちの条件に合うちょっと古くて広めの物件を購入し、自分たちでリノベーションしたほうが家に愛着が沸くんじゃないかって思いました。また、一番家にいるのは妻なので、妻の意見を尊重してこの結論に至りましたね」
林「そんな話合いがあったんですね。結果として、ご家族の思いが詰まった新居ですが、実際、1か月生活されてみて、どんなご感想をお持ちですか」
S様「……。それはどの点で？」
林「うーん。それは、当初、新築マンション、築浅の中古マンション、リフォーム済み中古マンションを検討されていたそうですが、今回、言うなれば、中古マンションという〝箱〟を購入して、そこに1から自分たち家族の想いを形にされたわけです。実際には後悔された部分もあるかもしれませんし、ご満足いただいた点もあるかと思うのですが、いかがでしょうか」

S様「満足度は高いです！　夫婦ともに」

林「どの点でですか？　もしかするとこの辺りは奥様のほうが思いがあるかもしれませんが？」

S様（奥様）「そうですね。実際、生活をしてみて、散々悩んでつくった家なので、使い勝手が悪いなとかそういうことは一切ないですね」

S様「そうですね。間取りに関しては、一切他人任せにはせず、自分たちが住みやすいようにと考えたものです。壁紙や些細なことも、自分たちがちゃんと意見を述べて形にしてもらっているし、生活後もその部屋や間取りに合った、自分たちが好きな家具等を配置していますから、本当に満足度が高いです」

S様（奥様）「友達がたまに家に来るんですが、友達の評価も高いので嬉しいですね」

林「それは嬉しいですね！　私たちのお客様で、よくうかがうご意見は、ご主人様の帰宅時間が早くなったということですが、いかがですか」

S様（奥様）「それはないですね」（笑）

S様「そうですね。工事が終了し、部屋の引渡しがあった日も飲みに行ってましたので…」（笑）

S様（奥様）「でも居心地はよくなったよね？」

S様「そうですね！　それは、本当にありますね。前の住まいは賃貸だったので、古いし狭いしという感じだったのが、自分たちが創った空間にいることができるようになったので、その点

林　は本当に満足しています」

「そんな風に言っていただけると嬉しいですね。ありがとうございます！　それと、当社では、中古マンション探しからリフォーム・リノベーション工事の提案施工までワンストップサービスということでサービスしているのですが、実際ワンストップサービスを受けてみられていかがでしたでしょうか」

S様　「正直言うと、施工会社は替えさせていただこうかなって思っていました。というのは、私の友人も施工会社をしていますし、他にも知り合いがいましたので…。ただ、御社と付き合っていくうちに、『どうしようかなぁ』という気持ちになってきて、内心ずっと悩んでいたんですが、実際、施工店と不動産会社のつなぎ方って難しいと思ったんですね。初めからワンストップサービスということで決定事項で提案してくれるほうが嬉しい方もいらっしゃるでしょうし、それに対して施工店は自由に選べますよって言われるほうが嬉しい方もいらっしゃると思います。実は、私は後者のほうを好むんです。でも、最終的には、いろんなことを総合的、客観的に見て、ワンストップサービスを選びました」

林　「そこまで正直におっしゃっていただいて、本当に嬉しいです。実は、当社も、施工店は数社選べて、物件が決まれば数社に見てもらってプランを説明し、工事費の相見積りをして決定していました。物事は、すべて表裏一体で、価格訴求にすると安価で工事ができる点はありますが、どうしても施工店も疲弊してしまう部分もあります。見積りの段階で工事の一部が抜けていたり、お住まいいただいてから追加工事が出てしまったりだとか、最終的にコストパフォーマンス等のお客様満足度が低くなったのです。そこで、ちょっと言い方は悪いですが、最後まで尻を拭けるような仕事をしたいと思い、ワンストップサービスに行き着きました」

S様 「そうですね。すべてを終えて、結論としては非常によかったと思っています。でも、選択肢があるのとないのとでは、私の場合はちょっとひねくれていますので、何か御社の決められたレールにのってしまうのではと思ってしまうので…」(笑)

林 「いえいえ(笑)、ひねくれているとかは関係なしに、それが普通だと思いますよ」

S様 「不満は言い出したらキリがないですが、途中はいろいろなやり取りがありましたが、工事の追加料金もなく、しっかり工事も収めてくれましたので、最終的にはワンストップサービスでできたことに満足しています」

林 「最後に、これから中古マンションを購入しようという方に対して、中古マンションを購入し自分たちのリノベーションを再現した先輩として捧げるアドバイスなどあれば教えてください」

S様 「……。アドバイスですか」(沈黙)

S様 (奥様)「次、家を買うならどうする?」

林 「おお! いい質問ですね」

S様 「多分、何も買わないです」(笑)

林　「かわってますね（ひねくれて）（笑）。奥様の質問の流れに乗って欲しかったんですが…」
S様「でも、アドバイス出来るとしたら……。それは、御社を通してということですよね？」
林　「いえ、別に当社を通してというわけではなく、先ほど少しお話に出ました施工会社選択型とか、ワンストップサービスとか、その他にも一長一短あると思うのですが、何かアドバイスなどいただければ……」
S様「何を重要視して選択するかだと思うんですよね！　正直思いますね。家って、決めようと思ってもなかなか決まらないので…。われわれは、エリアと予算と広さを決めた上で、探して最後には物件から得られる印象とフィーリングで決めました。妻は、自分の家事の動線や生活利便を考えて間取りを考えました。私は外堀、妻は内堀などと担当を分担して決めることができたので、もしかするとそんな風に担当を分担して任せるものは任せて、任されるものは任されてという形がよいのかもしれませんね。あと、自分たちが最後に何を一番重要視するのかを最初に明確にすることが大切なのではないかと思います。次に家を買うとしたらっという質問にあえてちゃんと答えるとしたら……。お金があればもっといいの買います」（笑）
S様（奥様）「また、中古を購入する？　戸建てでもマンションでもいいから中古にする？」
S様「うーん……。したい？」
S様（奥様）「また、自分でしたい！」
S様「じゃ、それでいいです！」（笑）

S様（奥様）「できたものがあるよりは、新築でも注文建築か、中古をリフォーム・リノベーションするのを選択したいです」

S様「だそうです」（納得）

林「最初、新築や築浅の中古マンション等を検討されていたのに、最後にそのような形でご感想いただいたことは本当に嬉しいです。自分たちでつくり上げた空間で生活することも至福の楽しみだと思うのですが、今回、施工途中もよいことも悪いこともいろいろとあり、決して平たんな道程ではありませんでした。しかし、自分たちの想いをコストとにらめっこしながら形にしていく、創っていくその過程でさえ楽しんでいただければ、本当に嬉しいですし、もしかしてお子様が大きくなって、『何でここの間取りこんな風にしたの？』なんて質問があったときに、実は、当時、こんな想いがあって、いろいろ悩んで、最終的にこんな形にしたんだよっていう会話が生まれたら、素敵じゃないですか。そんな風に家づくりを楽しんでもらえたなら、本当に嬉しです」

S様「確かに、家づくりの最後のほうは疲労しましたけど」（笑）

S様（奥様）「そうやな、そうやな」（笑）

林「私が直接の担当ではなかったので、こんな風に直接いろいろとお話をうかがうことができて、本当に参考になりましたし、嬉しかったです。本当に今回のご縁、ありがとうございました」

あとがき

本書では、いろいろなお話をさせていただきましたが、基本的には筆者が定期的に開催しているセミナーをできるだけわかりやすくまとめた内容となりました。

現在、不動産仲介会社もそうですし、物件を探すお客様も、物件情報に訴求した接点しかないように思えます。

それでいいんだ、そんな答えが大半だと思いますが、不動産情報は、レインズという不動産業者が売り物件情報を共有しているデータベースがあるので、正直どこの不動産仲介会社に行ってもお客様に提案する物件情報はほぼほぼ同じものになります。

そうなると、これは筆者の個人的な思いですが、ネット上では集客やサービスの一環として仲介手数料の半額等の、不動産仲介会社にとっても不動産を購入するお客様にとっても実は不幸なことになってしまうのではないかと思っています。

不動産仲介会社の収入源はほぼ仲介手数料が占めています。それを半額にするということは、会社全体の収益がほぼ半分になるということですので、普通に考えて、お客様に満足いただけるようなサービスが提供できなくなる可能性が高くなります。

例えば、日本の不動産仲介会社では、両手取引を合法的にできるので、売主側から仲介手数料をもらえる、つまりお客様にとってよい物件ではなく、不動産仲介会社にとって都合のよい物件を強引にすすめるようなことになることも実際あると思います。

また、仲介手数料が半額ということは、通常の収益を取ろうとすると、簡単にいうと集客量を通常の倍にしないといけませんし、薄利多売の状態になります。労働力も簡単に言うと倍になりますので、従業員も疲弊します。

人生の大きなお買物で、その選択次第では大きく人生が変わることだってある大切な住宅探しを、できれば流れ作業的な感じではなく、不動産仲介会社というよりは、お客様のエージェント（代理人）として、しっかりと住宅に寄せる想いや年収等の経済的な情報もヒアリングした上で、感覚的な曖昧なものではなく、ファイナンシャルプランを作成した上での予算設定、中古マンション探しをする前に知るべき情報の共有、しっかりと不動産のプロとしてアドバイスもすべきだと考えています。

その上で、お客様の希望条件にマッチングされた物件を、一緒に見に行って、どんな物件で、どんな選択もメリット・デメリットがあるのですべて開示した上で、寄り添って一緒に考え、最後に決断・選択されるのはお客様、という形に持っていくべきでしょう。

われわれも、お客様に満足してもらってきっちりとした報酬をいただく、これが本来あるべき姿なのです。

お客様も、本来、仲介手数料を半額にしてもらうのが目的ではなく、経済的にも生活利便的にも豊かな住宅を購入することが目的なはずです。

こんな話をしておいて誠に恥ずかしことですが、正直、筆者も起業当時は、今までやってきた新築分譲マンション販売の業態とは違う不動産仲介業の実務に戸惑い、収益も悪化して、目先のことを追いかけるあまり、仲介手数料半額キャンペーンをホームページで告知して営業活動をしたこともあります。

結果は、前述したたように、問合せなどは増えました。でも、忙しいだけで、収益は上がらず、満足にお客様のヒアリングもできない状態でした。

そのため、ケアレスミスが多々発生し、お客様の信頼を裏切るようなことも増え、仲介手数料を半額にしても全くお客様に喜んでもらえない現実を自分で体験することとなりました。そのときに、お客様の目的は、仲介手数料を安く抑えたいのではなく、正しい選択で物件を気持ちよく購入することなのではないかと気づいたのです。

これではいけないと暗中模索した中で、物件訴求や仲介手数料の安さで選ばれるのではなく、「御社から中古マンションを購入したい」「あなたに中古マンション探しの相談に乗ってほしい」―そういう訴求ポイントを持っていれば、自分で満足できるサービスをお客様に提供できますし、お客様も満足してもらえるという考えに行き着きました。

その1つの答えが、物件情報が掲載されているチラシやホームページで集客するのではなく、セミナーで集客させていただき、中古マンション探しの本来の目的の共有と物件探しに必要な知識を発信させていただくことにより、いきなり物件を提案して見学しに行くのではなく、初回面談でしっかりと情報の共有をしてから、物件探しをすることでした。これにより大きく流れが変わりました。

われわれも、成約率が上がることにより、1人のお客様にかける時間を増やすことができました。簡単に言うと、生産性が上がりました。お客様にとっても、しっかりとした選択肢を持っていただいてご決断・ご選択いただくことで、顧客満足も向上しました。これは、別に弊社の宣伝をしているのではないのです。

いろんな意味で、人生の中で大きなお買物となる中古マンション探しをする際には、もちろん物件情報・物件選びも大切ですが、物件情報量はどの不動産仲介会社に相談してもほぼ同じものです。大手不動産会社がいい、地元密着している会社がいい、この会社なんか面白そう、担当者のブログを読んで何かこの人に相談してみたい、価値観はそれぞれだと思いますが、どの会社に相談しよう、どの担当者に担当してもらうという側面でも、かしこい中古マンション探しをする上できっと役立つ選択になると思います。

中古マンション探しは、結構気も使いますし体力も使います。

どうせするなら、ぜひ中古マンション探し、リフォーム・リノベーション工事を行う不動産仲介会社・リフォーム会社と良質なコミュニケーションの上で、二人三脚の状態で楽しんでもらえて、最良の結果を得ていただければそれ以上のことはありません。

かなり筆者の主観が強い内容になったかもしれませんが、本書がきっかけとなり、素晴らしい不動産仲介会社・リフォーム会社の担当者、そして理想の物件に出会えて、理想の豊かな生活を送ってもらえることを強く望みます。

最後までご拝読ありがとうございました！

林　和男

著者略歴

林　和男（はやし　かずお）

1974年、和歌山県生まれ。

高校卒業後、大阪に出る。いろいろな挫折を味わった結果、不動産業界に身を転じる。

新築分譲マンションの販売に携わるが、もっと中立にお客様に寄り添える仲介業をしたいと、2009年に株式会社イーナリンクを設立。

設立当初は不動産業界の悪しき慣習“両手取引”に翻弄されたが、物件探しはもちろん、リフォーム・リノベーション工事の提案施工、ファイナンシャルプランの提案をワンストップサービスにし、競争に入っていくのではなく、お客様に“選ばれる”業態に転身。

「われわれの商品は、不動産ではなく、“社員”が商品である」を合言葉に、“賢く”中古マンションを購入するサービスを展開している。

賢い中古マンションの買い方
ー新築マンションでは味わえない空間とコスパ！

2016年5月24日　初版発行

著　者　林　　和男　© Kazuo Hayashi
発行人　森　　忠順
発行所　株式会社 セルバ出版
〒113-0034
東京都文京区湯島1丁目12番6号 高関ビル5B
☎03（5812）1178　FAX 03（5812）1188
http://www.seluba.co.jp/
発　売　株式会社 創英社／三省堂書店
〒101-0051
東京都千代田区神田神保町1丁目1番地
☎03（3291）2295　FAX 03（3292）7687

印刷・製本　モリモト印刷株式会社

Printed in JAPAN
ISBN978-4-86367-269-7